Louis DE GRANDMAISON

ESSAI D'ARMORIAL

DES

ARTISTES FRANÇAIS

(XVIe-XVIIIe SIÈCLES)

LETTRES DE NOBLESSE
PREUVES POUR L'ORDRE DE SAINT-MICHEL

SECONDE PARTIE

SCULPTEURS, GRAVEURS, DESSINATEURS,
MUSICIENS, ETC.

PARIS
HONORÉ CHAMPION, LIBRAIRE-ÉDITEUR
9, QUAI VOLTAIRE

1905

ESSAI D'ARMORIAL

DES

ARTISTES FRANÇAIS

(XVIe-XVIIIe SIÈCLES)

Ce mémoire a été lu à la réunion des Sociétés des Beaux-Arts des départements, tenue dans l'hémicycle de l'École des Beaux-Arts, à Paris, le 5 avril 1904.

Louis DE GRANDMAISON

ESSAI D'ARMORIAL

DES

ARTISTES FRANÇAIS

(XVIᵉ-XVIIIᵉ SIÈCLES)

LETTRES DE NOBLESSE
PREUVES POUR L'ORDRE DE SAINT-MICHEL

SECONDE PARTIE

SCULPTEURS, GRAVEURS, DESSINATEURS,
MUSICIENS, ETC.

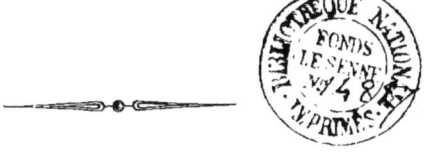

PARIS
HONORÉ CHAMPION, LIBRAIRE-ÉDITEUR
9, QUAI VOLTAIRE

1905

ESSAI D'ARMORIAL

DES

ARTISTES FRANÇAIS

LETTRES DE NOBLESSE

PREUVES POUR L'ORDRE DE SAINT-MICHEL

SECONDE PARTIE

Sculpteurs, Graveurs, Peintres, Dessinateurs, Musiciens, etc.

Ce travail fait suite à celui que nous avons publié l'an dernier et qui était consacré aux architectes, ingénieurs civils et militaires, employés de l'administration des bâtiments, fondeurs et entrepreneurs. Les documents qu'on rencontrera dans cette seconde partie sont de même nature et ont la même origine; le lecteur voudra donc bien se reporter à ce que nous avons dit alors sur ce sujet.

LXI

Vulcop (Conrart et Henri de)

M. de Montaiglon[1] croit que Conrart de Vulcop, peintre du roi Charles VII, et son frère Henri, peintre de la reine Marie d'Anjou[2], ont peut-être été anoblis par ce monarque. Il base son hypothèse sur les armoiries suivantes portées par deux individus du même

---

[1] Anciennes *Archives de l'art français*, t. V, Documents, t. III, p. 369-372.

[2] A. de Montaiglon, *Procès-verbaux de l'Académie royale de peinture et de sculpture*, p. 369, dit que ces deux artistes étaient « peut-être frères » ; peut-être semble un *lapsus calami*, la parenté est certaine, elle est affirmée par le premier des textes publiés p. 370. — Cf., sur ces artistes, Jal, *Dictionnaire*, p. 1217, v° Valcop (sic); Siret, *Dictionnaire des peintres*, 3ᵉ édition, t. II, p. 343 et 395, consacre deux articles distincts à ces artistes, l'un au mot Valcop, l'autre au mot Vulcop.

nom et qui devaient être de la même famille, dont l'un fut échevin de Bourges en 1508, l'autre échevin en 1516 et maire en 1528 et 1529 : *burelé d'argent et de sable, au franc quartier de gueules, chargé d'un faux écu d'or, terminé ès cornières dextre, senestre et en pointe par des fleurs de lys au pied coupé de même, et chargé en abîme d'un tourteau d'azur* [1]. « En voyant, dit M. de Montaiglon, au franc quartier cet écu à trois pointes terminées en fleur de lys, il ne serait peut-être pas impossible de croire que Conrart et Henri de Vulcop aient été anoblis par Charles VII. » Si cette supposition était confirmée, nous aurions là le plus ancien exemple d'artistes auxquels la noblesse aurait été conférée.

LXII

PAGANINO (GUIDO MAZZONI, DIT)

(Octobre 1496)

En attendant que l'anoblissement des frères de Vulcop soit prouvé, c'est un Italien qui ouvre la série des artistes auxquels les rois de France ont accordé cette distinction. Guido Mazzoni, dit Paganino, originaire de Modène, était à la fois sculpteur et peintre. Il fut l'auteur du tombeau aujourd'hui détruit de Charles VIII à Saint-Denis [2]. Il avait été ramené par ce souverain d'Italie en 1495, et, après être resté en France plus de vingt ans, revint mourir au pays natal le 12 septembre 1518 [3]. Charles VIII l'avait anobli et naturalisé par lettres données à Amboise au mois d'octobre 1496; ces lettres ont été publiées par M. de Boislisle dans les *Nouvelles Archives de l'art français* [4].

Aucun des grands artistes de la fin du quinzième et du seizième siècle ne paraît avoir été anobli par les rois de France, sauf Germain Pillon [5]. Les artistes qui vont suivre appartiennent en effet à

---

[1] Cf. RIETSTAP, *Armorial général*, 2ᵉ édition, t. II, p. 1030, vⁿ Vulcob (*sic*)
[2] Voir sur ce monument une note d'A. DE MONTAIGLON, dans les Anciennes *Archives de l'art français*, t. I, p. 129.
[3] A. DE MONTAIGLON, *op. cit.*, p. 128, et MARIETTE, *Abecedario*, t. IV, p. 69.
[4] 2ᵉ série, t. Iᵉʳ, 7ᵉ volume de la collection, p. 210-217.
[5] Cf. ci-dessous, n° LXVI, et encore, comme on le verra, l'anoblissement de Germain Pillon est-il douteux?

la Lorraine et ce sont les souverains de ce pays qui leur ont concédé la noblesse. Les Juste, d'origine italienne comme Paganino, obtinrent des lettres de naturalisation [1], mais ne furent pas anoblis, non plus que les Fouquet, les Bourdichon, les Perréal, les Colombe et tant d'autres. Disons cependant que les Betti, qui sont connus sous le nom de Juste, avaient des armoiries : *coupé de sable et d'or à un lion rampant de l'un en l'autre.* Elles ont été signalées par A. de Montaiglon et G. Milanesi [2] et se voient encore au-dessus de la porte de la maison que fit construire à Tours Juste de Juste [3].

LXIII

Buscay ou Buxay (François)
(10 mai 1547)

De même que la Lorraine nous a fourni le premier architecte anobli, Jacquot Wauthier (1510), c'est également dans le même pays que nous trouvons, si on excepte Paganino, les premiers peintres auxquels fut accordée cette distinction.

Originaire du Milanais, François Buscay ou Buxay, sur lequel on sait peu de choses, fut anobli par le prince Nicolas de Lorraine, régent du jeune duc Charles III, par lettres du 10 mai 1547. Ses armes étaient, d'après M. Jacquot : *d'argent à une fasce de sable vidée d'argent, accompagnée de quatre hermines de sable, trois en chef et une en pointe* [4].

---

[1] M. de Boislisle dans *Nouvelles Archives de l'art français*, 2ᵉ série, t. Iᵉʳ, 7ᵉ volume de la collection, p. 8-10.

[2] *La Famille des Juste en Italie et en France*, p. 74, dessin gravé, p. 76 ; tirage à part de la *Gazette des Beaux-Arts*, février 1877. — Rietstap, 2ᵉ édition, t. Iᵉʳ, p. 190, attribue à une des familles Betti, de Florence, les armes suivantes qui sont à enquerre : *d'azur au lion de gueules.*

[3] Cf. une communication de M. Charles de Grandmaison dans la séance de la Société archéologique de Touraine du 25 mars 1903 (*Bulletin*, t. XIV, p. 89 et 90). — Je me ferai un pieux devoir de mettre en œuvre les notes réunies par un père regretté sur cette question qui, avec l'article lu quelques semaines avant sa mort à la *Réunion des Sociétés des Beaux-Arts* de 1903, fut la dernière occupation d'une vie laborieuse, consacrée en grande partie à l'histoire de l'art en Touraine.

[4] Jacquot, *Anoblissemements d'artistes lorrains*, dans *Réunion des Sociétés des Beaux-Arts*, t. IX, 1885, p. 123-124 ; le même, *Essai de répertoire des artistes lorrains*, 1ʳᵉ partie, dans le même recueil, t. XXIII, 1899, p. 411.

LXIV

Crocq ou Crock (Claude)

(17 janvier 1556)

Claude Crocq fut peintre des ducs Antoine, François Ier et Charles III de Lorraine; il était sans doute fils du sculpteur Jean Crock et sa descendance compte des peintres, graveurs et orfèvres. Il fut anobli par le régent Nicolas, le 17 janvier 1556, et reçut pour armes : *d'azur à la fasce d'or, accompagnée de trois écussons d'argent, deux en chef et un en pointe* [1].

LXV

Chuppin (Médard)

(7 mars 1567)

Lorrain, comme Crocq, avec lequel il partit, en 1545, pour l'Italie, le peintre Médard Chuppin fut, comme lui, le père d'autres artistes. Il obtint du duc de Lorraine Charles III des lettres de noblesse (7 mars 1567). Les armes de Chuppin étaient : *d'azur à trois écussons d'argent, posés deux en chef et un en pointe* [2].

LXVI

Pillon (Germain)

On lit, dans un volume du Cabinet des titres de la Bibliothèque nationale contenant la liste des chevaliers de Saint-Michel jusqu'en 1665, la note suivante : « Pillon (Germain) est compris dans le recueil manuscrit des chevaliers de l'ordre de Saint-Michel fait en 1620, par Pierre d'Hozier, gentilhomme ordinaire du Roy, mais on ignore sous quel règne il vivoit [3]. » S'agit-il du grand

---

[1] Jacquot, *op. cit.*, t. IX, p. 124-125, et t. XXIII, p. 429.
[2] *Ibid.*, t. IX, p. 125, et t. XXIII, p. 422.
[3] Bibl. nat., franç. 32873, anciennement n° 1047 de la série dite des volumes reliés du Cabinet des titres, p. 366. — Le recueil de d'Hozier dressé en 1620 se trouve dans le même dépôt, franç. 32863, anciennement n° 1037 des volumes reliés du Cabinet des titres; la mention de G. Pillon s'y lit p. 129.

sculpteur Germain Pillon, décédé le 3 février 1590 [1]? Nous n'oserions l'affirmer, mais cela paraît vraisemblable. Cependant Germain Pillon, dans les documents que nous avons vus, ne reçoit jamais la qualité de *chevalier de l'Ordre du Roi,* ni même celle d'*écuyer,* mais seulement celle de *noble homme.* C'est cette dernière qui lui est attribuée notamment dans l'acte par lequel sa veuve Germaine Durant dispose de ses biens en faveur des enfants de sa fille Michelle Pillon, épouse de Me Antoine de Leulle, qui dissipait la fortune de sa femme [2] et dans le contrat de mariage de son fils Antoine Pillon, *écuyer,* homme d'armes de la compagnie de gens d'armes des ordonnances du Roi sous la charge de M. le duc de Montmorency, avec Catherine Mérault [3].

S'agit-il plutôt d'un fils du sculpteur, également appelé Germain et sculpteur lui-même, qui fut inhumé le 30 mars 1615? Ce n'est pas probable, car Germain II fut loin d'approcher de la célébrité de son père et paraît n'avoir été qu'un artiste médiocre [4].

LXVII

Bonnart ou Bonnaire (Jacques)

(8 août 1605)

Ce peintre, père de Jean et aïeul de Henri, tous deux peintres comme lui, était né à Auzéville [5]; il fut anobli par le duc Charles III de Lorraine, le 8 août 1605. Il avait pour armes : *coupé, au 1, échiqueté d'argent et d'azur ; au 2, d'argent à une licorne issante de gueules* [6].

[1] Jal, p. 973. — Cf., sur Germain Pillon, le baron J. Pichon, *Mémoire pour servir à l'histoire de G. Pillon* (Paris, 1860 ; extrait des *Mélanges des bibliophiles*, 1859, p. 169-190); Mazerolle, *les Médailleurs français*, t. I, p. lxx-lxxvii, p. 130-139, t. II, p. 51-56 et les nombreux ouvrages cités par Lami.

[2] 1er février 1620, acte publié par A. de M[ontaiglon], dans *Nouvelles Archives de l'art français*, t. Ier, p. 214-216.

[3] 6 septembre 1616. Bibl. nat., pièces originales, t. 2279, dossier 51557, n° 52. Dans ce dossier on trouve de nombreux actes concernant G. Pillon et sa famille.

[4] Jal, p. 972. — Cf., sur Germain II, J.-J. Guiffrey et G. Fagniez, dans *Bulletin de la Société de l'Histoire de Paris et de l'Ile-de-France*, 1882, t. IX, p. 165-168.

[5] Canton de Clermont-en-Argonne, arr. de Verdun (Meuse).

[6] Jacquot, *ibid.*, t. IX, p. 126 et t. XXIII, p. 408-409; Rietstap, *Armorial général*, 2e édition, t. I, p. 245.

LXVIII

FRÉMINET (MARTIN)
(1615 ?)

Martin Fréminet était fils de Médéric Fréminet, peintre médiocre, et de Marie Carre; il naquit à Paris le 23 septembre 1567 et fut baptisé le 24 à Saint-Jacques-de-la-Boucherie [1]. Il fut peintre du Roi et Louis XIII le nomma, peut-être dès 1615, certainement avant le mois de septembre 1617, chevalier de Saint-Michel [2]. Ses armes étaient, d'après Pierre d'Hozier : *d'or à un chevron de gueules ou d'azur, accompagné de trois fourmis de sable, deux en chef et une en pointe* [3]. En 1902, M. Thoison [4] a publié quelques renseignements nouveaux sur Fréminet et reproduit le monument qui lui était élevé dans l'église de l'abbaye de Barbeau, près Melun.

Notice sur Fréminet.

Fréminet (Martin), peintre ordinaire du roy Henry IV, fut nommé chevalier de l'ordre de Saint-Michel par le roy Louis XIII [5] et on le trouve qualifié en conséquence peintre du Roy et chevalier de son Ordre, dans le Recueil manuscrit des chevaliers de Saint-Michel, fait en 1620 par Pierre d'Hozier, gentilhomme ordinaire de la maison du Roy (Bibl. du Roy) [6].

[1] Son acte de baptême a été publié par JAL, *op. cit.*, p. 615.

[2] Fréminet prend ce titre dans l'acte de baptême de son fils Louis, le 24 septembre 1617 (JAL, *op. cit.*, p. 616). — Selon BELLIER DE LA CHAVIGNERIE et AUVRAY, Fréminet aurait été fait chevalier de Saint-Michel en 1615.

[3] Bibl. nat., franc. 32863, anciennement Cabinet des titres n° 1037, Recueil des chevaliers de Saint-Michel dressé par Pierre d'Hozier en 1620, p. 137.

[4] *Notes et Documents sur quelques artistes intéressant le Gâtinais*, 2ᵉ série, dans *Réunion des Sociétés des Beaux-Arts*, t. XXVI, 1902, p. 438-440. M. THOISON a prouvé que la vraie forme du nom de ce peintre est Fréminet et non pas Fréminel, comme JAL l'avait cru.

[5] « C'est le premier exemple d'homme à talents que l'on trouve avoir été décoré de l'ordre de Saint-Michel, sous ce règne où la noblesse la plus illustre du royaume se faisoit un grand honneur d'être admis. On peut le regarder même comme le seul, avec Joseph Pin [le Joséphin], dont il sera parlé à son rang. Ce n'est que sur la fin du règne de Louis XIV que cette décoration a été destinée pour récompenser les artistes et encourager leurs talents, du moins pour le plus grand nombre, car il s'en est toujours trouvé qui avoient toutes les qualités requises pour y être admis et dans ce nombre on pourroit même citer des gens de qualité. » (Note du manuscrit.)

[6] C'est le volume du fonds français n° 32863 cité plus haut.

Fréminet, né à Paris, acquit dans peu de temps une réputation très célèbre dans l'art de la peinture, il excella surtout dans la partie du dessein, dans l'anatomie, la science des muscles et des nerfs et dans l'architecture. Il prit Michel-Ange pour son modèle et s'attacha à sa manière de peindre. Un des ouvrages entr'autres, qui commença à faire admirer son talent, fut un S. Sébastien qu'il fit dans l'église de S. Jorre. Il continua de se distinguer en Italie, à Venize et en Savoye, où il travailla beaucoup dans le palais du duc. A son retour en France, le roy Henry IV le nomma un de ses peintres ordinaires et il peignit par son ordre la chapelle de Fontainebleau; il continua cet ouvrage sous Louis XIII et étant sur le point de le terminer il tomba malade, et, s'étant fait conduire à Paris, il y mourut le 18 juin 1619, âgé de 52 ans, regretté universellement de tous les gens de bien, dont il s'étoit acquis l'estime et l'amitié. Il fut inhumé dans l'église de Barbeaux, près de Fontainebleau.

(Bibl. nat., franç. 32872, anciennement Cabinet des titres n° 1046, Recueil des chevaliers de l'ordre de Saint-Michel jusqu'en 1665, rédigé en 1783, t. III, p. 191.)

LXIX

Deruet (Claude)

(12 mars 1621, 5 mars 1632)

Le peintre et graveur Claude Deruet, né en 1588 et décédé à Nancy le 20 octobre 1660, est bien connu [1]. Il épousa, en 1623, Marie, fille de Jean de Saulcourt, ci-devant apothicaire du duc Charles III, dont il eut de nombreux enfants. Par lettres du duc de Lorraine Henri II, du 12 mars 1621, Claude fut déclaré noble et issu de la famille *Des Ruetz*, de Troyes en Champagne, et quelques années plus tard il obtint du duc Charles IV des lettres de gentillesse (5 mars 1632). Lors de son mariage, en 1623, on le trouve qualifié chevalier de l'ordre de Portugal, c'est-à-dire de l'ordre du Christ [2]. Louis XIII lui conféra l'ordre de Saint-Michel [3]. Deruet portait : *d'azur à une fasce d'argent, chargée*

---

[1] Cf. notamment Mariette, *op. cit.*, t. II, p. 90-94; une étude de M. E. Méaume (Nancy, 1853) et A. Jacquot, *Notes sur Claude Deruet, peintre et graveur lorrain*, dans *Réunion des Sociétés des Beaux-Arts des départements*, t. XVIII, 1894, p. 763-943.

[2] Jacquot, *op. cit.*, t. XVIII, p. 769.

[3] Voir sur ces distinctions les articles déjà cités de M. A. Jacquot dans *Réunion des Sociétés des Beaux-Arts*, t. IX, p. 127-128, et t. XXIII, p. 431-434.

d'une croix de Portugal de gueules vidée et remplie d'argent, accompagnée en chef de trois coquilles d'or et en pointe d'un lion rampant de même[1].

Notice sur Deruet.

Deruet (Claude), sgr de Saxon en partie et de Housseville, chevalier de l'ordre du Christ, fut nommé chevalier de l'ordre de St-Michel par le roy Louis XIII, ainsy qu'il est prouvé par son épitaphe en latin, que l'on voit dans l'église des Carmes de Nancy, l'écu de ses armes y étant entourées (*sic*) aussi du collier du dit ordre de St-Michel; il mourut en cette ville, au mois d'octobre 1660, et fut inhumé dans la ditte église, où est un très beau mausolée, où il est représenté à my-corps ayant la croix de St-Michel pendue au col et celle de l'ordre du Christ sur l'habit. Il se rendit célèbre dans l'art de la peinture.

(Bibl. nat., franç. 32872, anciennement Cabinet des titres n° 1046, p. 18.)

LXX

Le Clerc (Jean Ier et Alexandre)
(28 mai 1623)

M. Jacquot[2] a signalé les lettres d'anoblissement accordées à ces deux peintres natifs de Nancy, le 28 mai 1623, par le duc de Lorraine Henri II. Jean et Alexandre étaient frères et le premier avait déjà reçu de la République de Venise le titre de chevalier de Saint-Marc. Les lettres de 1623 ont été publiées par M. de Busserolle[3]; elles sont rédigées en termes vagues et ne font pas mention des titres artistiques des deux frères. Or, si l'on en croit la généalogie donnée par ce dernier auteur, généalogie qui ne paraît pas du reste présenter toutes les garanties voulues d'authenticité, Jean et Alexandre auraient suivi la carrière des armes; ils auraient été fils de Claude Le Clerc, seigneur de Pulligny, déjà qualifié écuyer, et d'Anne Thiérion; Jean aurait épousé Antoinette, fille de Thierry des Pilliers, écuyer, seigneur de Mezelay, et d'Anne Girecourt, et Alexandre se serait marié avec Madeleine

---

[1] Jacquot, *op. cit.*, t., XVIII, p. 787, planches XXXII et XXXIII.
[2] Articles déjà cités dans *Réunion des Sociétés des Beaux-Arts*, t. IX, 1885, p. 128-129, et t. XXIII, 1899, p. 467-468.
[3] Carré de Busserolle, *Calendrier de la noblesse de Touraine, de l'Anjou, du Maine et du Poitou*, année 1867, p. 273-276.

Platel des Plateaux, fille de Didier et de Suzanne Thiérion [1]. Ces divers points auraient besoin d'être vérifiés sur les documents ; en attendant, on est peut-être en droit de se demander si c'est bien à des artistes que s'appliquent les lettres de 1623. M. Jacquot dit que Jean Ier épousa, en 1629, Marguerite Navel [2], ce qui ne concorde pas avec les indications données par M. de Busserolle. Par ailleurs on connaît si peu de choses du peintre Alexandre Le Clerc qu'il y aurait peut-être lieu de se demander s'il y a véritablement eu un artiste de ce nom. Quant à Jean Ier, il pourrait bien ne faire qu'un avec son contemporain le peintre Jean II Le Clerc, qui se serait marié d'abord avec Anne N., décédée en 1625, une seconde fois, l'année 1629, avec Marguerite Navel. Dans cette hypothèse, il n'y aurait plus qu'un seul peintre du nom de Le Clerc ; ce ne serait pas ce peintre qui aurait été anobli et les lettres de 1623 se rapporteraient, comme le veut M. de Busserolle, aux frères Jean et Alexandre Le Clerc, voués à la profession des armes. Il y a là un petit problème que nous espérons voir éclaircir par la patiente érudition de M. Jacquot. Les lettres de 1623 attribuent aux deux frères Le Clerc les armes suivantes : *parti en fasce* [3] *de gueules et d'azur, reposant en chef un lion léopardé dit de Saint-Marc d'or, tenant un livre représenté au naturel, et en pointe de deux épées d'argent passées en sautoir munies d'or* [4].

LXXI

Cesari (Giuseppe), dit le Josépin

Ce peintre célèbre naquit à Arpino, au royaume de Naples, en 1552 ou 1560, et décéda à Rome en 1640. Clément VIII le nomma chevalier de l'Éperon [5] et Louis XIII [6] lui donna le collier de

---

[1] Carré de Busserolle, *Calendrier de la noblesse de Touraine, de l'Anjou, du Maine et du Poitou*, année 1867, p. 279-280.

[2] *Op. cit.*, t. XXIII, p. 468, dans l'article consacré à Jean II Le Clerc.

[3] L'expression *parti en fasce* est synonyme de *coupé*.

[4] Ces armes sont blasonnées d'une façon un peu différente par Rietstap, *Armorial général*, 2e édition, t. I, p. 432.

[5] Selon A. Siret, *Dictionnaire des peintres*, 3e édition (1883), t. Ier, p. 194 ; d'après la *Nouvelle Biographie générale* de Didot et Hoefer, Clément VIII aurait donné à cet artiste l'ordre du Christ.

[6] Voir le texte ci-dessous ; la *Nouvelle Biographie générale* dit que ce fut Henri IV.

Saint-Michel. Ces faveurs le remplirent d'orgueil ; ayant insulté le Caravage, il refusa de se battre parce que son adversaire n'était pas chevalier.

Nous donnons sur ce personnage bien connu la notice suivante, qui lui est consacrée dans un recueil manuscrit concernant les chevaliers de Saint-Michel.

Notice sur le Josépin.

Pin (Joseph), dit d'Arpino, fut nommé chevalier de l'ordre de S.-Michel par le roy Louis XIII (*Entretiens sur la vie et les ouvrages des peintres,* impr. à Paris en 1684, III° partie, p. 310) et c'est le second exemple d'homme à talents, avec Martin Fréminet, que l'on trouve avoir été décoré de cet ordre sous ce règne où la noblesse la plus illustre du royaume se faisoit encor un grand honneur d'être admis. Il naquit à Arpino, dont il prit le nom, soit par attachement pour sa patrie, soit pour plaire aux Boncompagni, seigneurs de cette ville, dont il tenoit le commencement de sa fortune ; il se rendit très célèbre dans l'art de la peinture, et le premier ouvrage qu'il fit, et qui commença sa réputation, fut un Samson enlevant les portes de la ville de Gaza. Il peignit aussy dans le cloître de la Trinité du Mont la canonisation de S. François de Paule, fit beaucoup de chefs d'œuvre dans les églises et palais de Rome, entr'autres au Capitole la bataille donnée entre les Romains et les Sabins, ouvrage digne d'admiration à raison de la quantité de figures à pied et à cheval disposées en différentes actions, le célèbre Pin ayant accompagné en France le cardinal Aldobrandin, qui y venoit en qualité de légat, il fit présent au roy Henry IV de deux tableaux de sa composition, l'un représentant S. Georges à cheval et l'autre un S. Michel terrassant le démon ; à son retour à Rome, il travailla dans l'église de S. Jean de Latran, que Clément VIII faisoit orner de peintures et dont il luy avoit donné la direction, il fit encor remarquer son talent par d'autres ouvrages qu'il fit sous les pontificats de Paul V et d'Urbain VIII et mourut à Rome, le 3 juillet 1640, âgé de 80 ans. Cet homme, né avec une facilité singulière à s'énoncer, avoit un esprit fort extraordinaire et le caractère le moins sociable. Il s'étoit acquis un tel crédit à la cour de Rome, qu'on se sentoit comme forcé de luy faire malgré soy des caresses et des présens ; mais il n'y paroissoit nullement sensible et sembloit même mépriser toutes les grâces qu'on luy faisoit et les honneurs dont on le combloit. C'étoit la conduite qu'il tenoit ordinairement vis à vis des grands qui le recherchoient ; le pape Clément VIII en fut à la fin rebuté et malgré les prières instantes que ce pontife luy fit, pour luy faire avancer les peintures de S. Jean de Latran, qu'il désiroit de voir achevées pour l'année du grand jubilé en 1600, il ne put jamais l'obtenir de luy ; il avoit fait présent au roy Louis XIII d'un S. Michel (vraisemblablement en reconnoissance de ce que ce monarque l'avoit admis dans cet ordre) et il luy donna encor quelques autres tableaux de sa composition, ce qui luy méritat des pensions et d'autres grâces de la part de ce prince.

(Bibl. nat., franç. 32873, anciennement Cabinet des titres n° 1047, Recueil des chevaliers de l'ordre de Saint-Michel jusqu'en 1665, rédigé en 1783, t. IV, p. 367.)

LXXII

Tinelli (Tiberio)

(1633)

Bien que le peintre Tinelli ne soit pas un artiste français, nous n'avons pas cru devoir l'exclure, non plus que le Josépin, puisque l'un et l'autre firent partie d'un ordre français.

Né à Venise en 1586, Tiberio Tinelli fut l'élève du chevalier Contarini et du Bassan. Un de ses portraits ayant été présenté, en 1633, au roi Louis XIII, ce prince le nomma chevalier de Saint-Michel en lui faisant promettre de venir à sa cour, promesse qui, du reste, ne fut pas tenue. On possède plusieurs portraits gravés où Tinelli est représenté avec le collier de l'ordre du Roi[1]. Ce peintre mourut en 1638 [2].

Rietstap attribue à une famille Tinelli, de Milan, qui est peut-être celle de notre artiste, les armoiries suivantes : *écartelé, aux 1 et 4, d'argent à trois puits d'or, maçonnés de sable, mal ordonnés ; aux 2 et 3, d'azur à une licorne naissante d'argent, mouvante d'un puits d'or, maçonné de sable*[3].

LXXIII

Stella (Jacques)

(1644)

Peintre et graveur, Jacques Stella naquit à Lyon et y fut baptisé en la paroisse de Saint-Nizier le 19 septembre 1596 ; il

---

[1] Bibl. nat., département des Estampes, série des Portraits, et département des Manuscrits, Clairambault n° 1244, p. 2633.

[2] Nagler, *Künstler-Lexicon*, t. XVIII (1848), p. 494 ; Pilkington, *A general dictionnary of painters* (London, 1857), p. 537 ; A. Siret, *Dictionnaire des peintres*, 3ᵉ édition (1883), t. II, p. 322.

[3] *Armorial général*, 2ᵉ édition, t. II, p. 915.

était fils de François Stella, marchand peintre (né, dit-on, à Malines) et de Claudine de Masso [1]. Il mourut, dans les galeries du Louvre, le 29 avril 1657, et fut inhumé, le 30, en l'église Saint-Germain-l'Auxerrois. Il avait été admis dans l'ordre de Saint-Michel en 1644 [2]; le billet d'enterrement et l'acte de sépulture le qualifient « noble homme Jacques de Stella, chevalier de l'ordre du Roy et peintre ordinaire de Sa Majesté [3] ».

Notice sur Stella.

Jacques Stella, l'un des grands peintres de son siècle, naquit en 1596. Il fut fort protégé par le grand duc Côme de Médicis, qui à l'occasion des noces de son fils le retint auprès de luy et luy donna moyen d'exercer ses talents; il passa ensuitte onze ans à Rome, où il travailla d'après les sculptures antiques et les peintures de Raphaël, il s'y acquit une très grande réputation par la grande quantité de tableaux qu'il fit; étant allé de là à Milan, on luy proposa la direction de l'Académie de peinture qu'il refusa. Le roy d'Espagne luy fit offrir un sort très avantageux et il se préparoit à ce voyage lorsque le cardinal de Richelieu, qui en fut informé, l'attira en France et lui fit obtenir une pension de 1,000 l.; il peignit pour le Roy une quantité de grands tableaux et continua de se rendre célèbre jusqu'à sa mort arrivée en 1657, à l'âge de 61 ans. Il étoit fils de François Stella, originaire de Florence [4].

Il est qualifié chevalier de l'Ordre du Roy dans le registre mortuaire de S. Germain l'Auxerrois à Paris du 30 avril 1657; ce doit être sous Louis XIII qu'il fut décoré de cet ordre.

(Bibl. nat., franç. 32870, anciennement Cabinet des titres n° 1044, p. 558. Cf. franç. 32874, anciennement Cabinet des titres n° 1048, p. 172.)

---

[1] Son acte de baptême a été publié par M. N. Rondot, *les Peintres de Lyon*, dans *Réunion des Sociétés des Beaux-Arts*, t. XI, 1887, p. 525. — Cf. Mariette, *op. cit.*, t. V, p. 252 et p. 260.

[2] Cf. Guillet de Saint-Georges, *Antoine Bouzonnet-Stella*, dans *Mémoires inédits sur les Académiciens*, t. I*er*, p. 423.

[3] Le billet d'enterrement a été publié par M. O. Fidière, *Etat civil des peintres et sculpteurs de l'Académie royale* (1883), p. 5; l'acte de sépulture par Jal, *op. cit.*, p. 1150, Herluison, *Actes d'état civil d'artistes français*, p. 416, et E. Piot, *Etat civil de quelques artistes français*, p. 117.

[4] François Stella, père de Jacques, naquit dans les Pays-Bas en 1563 (Mariette, *loc. cit.*, p. 256), probablement à Malines (Jal, *op. cit.*, p. 1150).

LXXIV

Racle (Jean)
(3 mars 1653)

Le graveur Jean Racle naquit à Brevennes, ressort de la Mothe en Lorraine; on le trouve, en 1616, graveur de la monnaie de Sedan [1]. Il épousa à Nancy, le 29 avril 1640, Jeanne Cheminot, native de Pont-à-Mousson, fille de Ferry Cheminot [2], dont il eut une fille, Jeanne, née à Nancy. Appelé en France pour servir en la fabrication des monnaies, il obtint un logement dans les galeries du Louvre et fut naturalisé par lettres données à Amboise le 30 octobre 1650 [3]. Il fut anobli par le duc de Lorraine Charles IV le 3 mars 1653, mais ses lettres de noblesse ne furent vérifiées que le 28 décembre 1661. Ce retard tient probablement à ce que le graveur était absent de la Lorraine. Il paraît en effet avoir séjourné assez longtemps à Paris, où on le trouve qualifié valet de chambre de Louis XIV et maître de la monnaie du Roi; Racle et sa femme étaient encore en France au mois d'août 1656 [4].

Nous serions assez disposé à croire qu'il quitta ce pays peu après cette date; un brevet du 20 décembre 1660 concède en effet à Thomas Merlin, orfèvre, un logement dans la galerie du Louvre, occupé précédemment par le sculpteur Jacques Sarrazin et auparavant par le graveur Racle [5]. Ce qui est certain, c'est que Jean Racle fut inhumé dans l'église collégiale Saint-Georges de Nancy [6]. La date de sa mort est ordinairement fixée à l'année 1670.

Il portait : *d'or à une rose de gueules, tigée et feuillée de sinople* [7].

[1] Mazerolle, *les Médailleurs de France*, t. Ier (1902), p. 315.

[2] A. Jacquot, *les Graveurs lorrains*, dans *Réunion des Sociétés des Beaux-Arts*, t. XIII, 1889, p. 514.

[3] Ces lettres, auxquelles sont empruntés plusieurs des renseignements qui précèdent, ont été publiées par M. Guiffrey, dans les *Nouvelles Archives de l'art français*, t. II, 1873, p. 238-240.

[4] Jal, *op. cit.*, p. 1033.

[5] Cf. Lacordaire, dans *Anciennes Archives de l'art français*, t. V, Documents, t. III, p. 210-211.

[6] A. Jacquot, *op. cit.*, t. XVIII, p. 515.

[7] Id., *Anoblissements d'artistes lorrains*, dans *Réunion des Sociétés des Beaux-Arts*, t. IX, 1885, p. 129.

LXXV

Le Brun (Charles)
(Décembre 1662)

Fils de Nicolas Le Brun, sculpteur, et de Julienne Le Bé, Charles naquit à Paris, rue Saint-Martin et fut baptisé à Saint-Nicolas-des-Champs le 24 février 1619 [1]. En 1664, Louis XIV rétablit en sa faveur le titre et la fonction de premier peintre du Roi ; on a souvent reproché à Le Brun d'avoir exercé sur l'art de son temps une véritable tyrannie, mais comme l'a parfaitement exprimé Jal, « si Colbert avait eu dix grands artistes, de ceux qu'on appelle originaux, et s'il leur avait livré Versailles, au lieu de l'ensemble plein de grandeur et d'unité que nous admirons dans ce palais, nous aurions de beaux morceaux, mais sans accord, une mosaïque de pièces brillantes sans harmonie. Le Brun comprit Louis XIV ; il imposa à l'art le caractère fastueux et fier qui convenait à la monarchie fière et fastueuse du grand roi [2] ». On ne peux mieux dire et ces conclusions sont également celles de M. Jouin dans le beau livre qu'il a consacré à cet artiste.

C'est à Le Brun que revient l'honneur d'avoir créé ou développé le Cabinet du Roi, les Gobelins, l'Académie de peinture et l'Académie de France à Rome ; il donna ainsi à l'art son organisation moderne, séparant définitivement l'artisan de l'artiste, l'homme d'inspiration de l'homme de métier, le maître d'œuvre du manœuvre, qui se trouvaient confondus ensemble dans les corporations et les jurandes [3].

Le Brun fut anobli par lettres du mois de décembre 1662, confirmées en décembre 1665, après l'édit de septembre 1664 qui révoquait les anoblissements récents [4]. Il avait épousé à Saint-Séverin, le 26 février 1647, Suzanne, fille de Robert Butay,

---

[1] Cet acte a été publié par Reiset, dans Anciennes *Archives de l'art français*, t. V, *Documents*, t. III, p. 171, et par M. Jouin, dans *Charles Le Brun et les Arts sous Louis XIV* (Paris, 1889, gr. in-4°), p. 668.

[2] *Dictionnaire*, p. 753.

[3] Jouin, *op. cit.*, p. 351.

[4] Les lettres d'anoblissement ont été publiées par M. Guiffrey, *Artistes anoblis*, I, p. 4-6, n° I, et par M. Jouin, *op. cit.*, p. 691-692 ; ce dernier donne également le texte des lettres de confirmation, p. 692-693.

peintre et valet de chambre du Roi¹, dont il n'eut pas d'enfants². L'artiste décéda, le 12 février 1690, aux Gobelins, faubourg Saint-Marcel, paroisse Saint-Hippolyte, et fut inhumé en l'église Saint-Nicolas-du-Chardonnet. Son billet d'enterrement et l'acte de sépulture le qualifient : écuyer, sieur de Thionville, premier peintre du Roi, directeur des manufactures royales des meubles de la couronne aux Gobelins, directeur, chancelier et recteur de l'Académie royale de peinture et de sculpture³. — Ses armes étaient : *d'azur à la fleur de lis d'or, au chef cousu de sable chargé d'un soleil d'or*⁴.

LXXVI

LE NAIN (MATHIEU)

Le peintre Mathieu Le Nain, sieur de la Jumelle, fils d'Isaac Le Nain, sergent royal à Laon, et de Jeanne Prévost, naquit vers 1607 ; il décéda à Paris le 20 avril 1677. Dans son billet d'enterrement il est appelé le Chevalier Le Nain, peintre du Roi et de l'Académie⁵. Son acte de sépulture en la paroisse Saint-Sulpice le dit : chevalier de Malte, ce qui est évidemment une erreur⁶.

---

¹ Acte imprimé par M. JOUIN, *op. cit.*, p. 668-669, d'après M. PIOT. Le contrat de mariage du 24 février 1647 a été publié par M. le vicomte DE GROUCHY, dans *Nouvelles Archives de l'art français*, 3ᵉ série, t. IX, *Revue*, 10ᵉ année, 1893, p. 101.

² Cf. au sujet d'un sieur Le Brun, qui, en 1761, prétendait descendre de Charles Le Brun, MARC FURCY-RAYNAUD, *Correspondance de M. Marigny avec Coypel, Lépicié et Cochin*, 1ʳᵉ partie (1904), p. 191-192 et 194-195 ; voir auss J.-J. G[UIFFREY], dans *Nouvelles Archives de l'art français*, 2ᵉ série, t. II, 8ᵉ vol. de la collection, 1880-1881, p. 257-264 et N. RONDOT, *op. cit.*, p. 496-505. M. JOUIN, *op. cit.*, p. 665 et 667, n'admet pas que Ch. Le Brun ait eu une descendance.

³ Billet d'enterrement dans O. FIDIÈRE, *État civil des peintres et sculpteurs de l'Académie royale*, p. 48, et JOUIN, *op. cit.*, p. 743 ; acte de sépulture dans JAL, *op. cit.*, p. 753, HERLUISON, *Actes d'état civil d'artistes français détruits à Paris en 1871*, p. 222, PIOT, *État civil de quelques artistes français*, p. 71, JOUIN, *op. cit.*, p. 670; inventaire après décès, dans GUIFFREY, *Scellés et inventaires d'artistes*, 1ʳᵉ partie, p. 83-154, et JOUIN, *op. cit.*, p. 712-742; extrait du testament, dans JOUIN, *op. cit.*, p. 708-709.

⁴ JOUIN, *op. cit.*, p. 693; RIETSTAP, *Armorial général*, 2ᵉ édition, p. 317.

⁵ O. FIDIÈRE, *op. cit.*, p. 28. Ce billet a été reproduit en fac-similé par M. E. ARAGO, dans l'*Art*, t. Iᵉʳ, de 1879, p. 307.

⁶ JAL, *op. cit.*, p. 767-768, où se trouve publié l'acte d'inhumation, également imprimé par HERLUISON, *op. cit.*, p. 241.

En réalité Mathieu Le Nain fut chevalier de Saint-Michel, comme l'a établi M. G. Grandin dans une intéressante étude sur la famille Le Nain [1]. Deux frères aînés de Mathieu, Antoine et Louis, furent également des peintres de valeur [2].

LXXVII

MIGNARD (PIERRE)

(Juin 1687)

Mignard, natif de Troyes, épousa à Saint-Eustache de Paris, le 12 août 1660, Anna, dite quelquefois Angela, Avolara, dont il avait déjà deux enfants Catherine-Marguerite, la future comtesse de Feuquières et Charles [3]. Cette union avait été précédée, le deux août, d'un contrat qui a été publié par M. Guiffrey [4]. Mignard fut anobli en juin 1687 [5]; ses armoiries étaient : *d'azur à un lion d'or, et un chef de gueules chargé de trois trèfles d'or* [6]. Par brevet du 1er mars 1690, il reçut la charge de premier peintre du Roi, vacante par le décès de Le Brun [7]. Le 4 du même mois, il fut, par ordre de Louis XIV, nommé en une seule séance académicien, recteur, chancelier et directeur de l'Académie royale; là encore, il succédait à Le Brun [8].

Mignard décéda à Paris, rue de Richelieu, le 30 mai 1695. Dans son billet d'enterrement, il est dit, comme Le Brun, écuyer, premier peintre du Roi, directeur des manufactures royales des meubles de la couronne aux Gobelins, directeur, chancelier et recteur de l'Académie royale de peinture et de sculpture [9]. On pos-

---

[1] *Réunion des Sociétés des Beaux-Arts*, t. XXIV, 1900, p. 475-509; cf. particulièrement p. 502 et 503.

[2] Outre l'article cité de M. GRANDIN, cf. sur ces artistes J.-J. GUIFFREY dans *Nouvelles Archives de l'art français*, t. IV, 1877, p. 255-295.

[3] JAL, *op. cit.*, p. 861.

[4] GUIFFREY, *Documents sur Pierre Mignard et sa famille*, dans *Nouvelles Archives de l'art français*, t. III, 1874-1875, p. 15-28; ce contrat est suivi d'un très intéressant état des biens de Mignard.

[5] *Id.*, *Artistes anoblis*, I, p. 7-9, n° III.

[6] Voyez ci-dessus à l'*Introduction* de la première partie de cette étude.

[7] Brevet publié par LACORDAIRE, dans Anciennes *Archives de l'art français*, t. V, *Documents*, t. III, p. 262-264.

[8] GUIFFREY, *Documents sur Pierre Mignard*, loc. cit., p. 31-32.

[9] O. FIDIÈRE, *op. cit.*, p. 57. De même dans son acte de sépulture, HER-

sède l'inventaire dressé après sa mort (13 juin 1695) et l'acte de partage de ses biens fait en 1696 ¹. Il laissait quatre enfants : Catherine, épouse de Jules de Pas, comte de Feuquières; Charles, Pierre et Rodolphe. Pierre, étant entré en religion dans l'ordre des Mathurins, était considéré comme mort civilement et ne prit pas part au partage ; mais, par un codicille du 30 avril 1695, son père lui avait légué des estampes, des livres et des tableaux ; quant à la comtesse de Feuquières, elle avait été avantagée par un autre codicille du 22 mai 1689 ².

LXXVIII

Edelinck (Gérard)

(1695 ?)

Gérard Edelinck, le célèbre graveur, naquit à Anvers et fut baptisé en la paroisse Saint-Jacques de cette ville, le 20 octobre 1640. Il fut naturalisé français, en même temps que son frère le graveur Jean, par lettres du Roi, données à Versailles le 25 octobre 1675 ³. Il avait épousé à Paris, en l'église Saint-Séverin, le 1ᵉʳ mai 1672, Madeleine, fille de feu François Reguesson, graveur et marchand de tailles-douces, dont il eut huit enfants, au sujet desquels on peut consulter le *Dictionnaire* de Jal. Le pape le créa chevalier romain et on le voit prendre pour la première fois cette qualité dans un acte du mois d'octobre 1695. Il mourut à Paris, en l'hôtel des Gobelins, le 2 avril 1707 ⁴. Son billet d'enterrement l'appelle : Monsieur Edelinck, graveur ordinaire du Roi, conseiller en son Académie de peinture et de sculpture ⁵, sans lui donner le titre de chevalier, ni même celui d'écuyer; cependant depuis son

Luison, *op. cit.*, p. 304 et Piot, *op. cit.*, p. 87 ; ce dernier auteur a imprimé par erreur 1675 pour 1695.

¹ Guiffrey, *op. cit.*, p. 51-54 et p. 61-121.

² Vicomte de Grouchy et J. Guiffrey, *Nouveaux documents sur le peintre Pierre Mignard*, dans *Nouvelles Archives de l'art français*, 3ᵉ série, t. VIII, Revue, 9ᵉ année, 1892, p. 244 et 247.

³ Guiffrey, dans *Nouvelles Archives de l'art français*, t. II, 1873, p. 254-256.

⁴ Jal, *op. cit.*, p. 523-526 ; Herluison, *op. cit.*, p. 132 ; Piot, *op. cit.*, p. 43.

⁵ O. Fidière, *op. cit.*, p. 73.

anoblissement par le pape il signait : le chevalier Edelinck. Il est dit chevalier dans l'acte de mariage de sa fille Marie-Madeleine-Geneviève avec Grégoire Dupuis, marchand libraire et bourgeois de Paris (9 février 1700), et chevalier romain dans celui de son fils, le peintre Michel-Gérard avec Marie-Marguerite Garnier (23 août 1707)[1].

LXXIX

Le Clerc (Sébastien)
(1706)

Le graveur S. Le Clerc, rival d'Edelinck, reçut comme lui le titre de chevalier romain (1706)[2]. Le Clerc était né à Metz, le 26 septembre 1637, si on en croit Mariette, dont l'assertion a été mise en doute par Jal. Il épousa, le 21 novembre 1673 (contrat du 20), Charlotte-Jeanne Van den Kerchove, fille de Josse, teinturier du Roi aux manufactures royales des Gobelins ; lui-même était alors dessinateur et graveur du Roi en son Académie et demeurait à l'hôtel des dites manufactures[3]. Il décéda le 25 octobre 1714, laissant plusieurs enfants, dont l'un, nommé comme lui Sébastien, était alors peintre ordinaire du Roi[4]. Le partage des biens de Sébastien et de sa femme Charlotte Van den Kerchove, décédée en 1735, fut fait par acte du 31 juillet 1736[5]. Un autre fils de Sébastien Ier, Louis-Auguste Le Clerc, était à cette date premier sculpteur du roi de Danemark, et une fille était mariée à Edme Jeaurat, graveur du roi de France. Les armoiries suivantes furent inscrites à l'Armorial général dressé en 1696 et années suivantes : « Sébastien Le Clerc, dessinateur et graveur ordinaire du Roy, conseiller et professeur dans l'Académie royalle de peinture et

---

[1] Herluison, op. cit., p. 132, 133 et 134 ; Piot, op. cit., p. 43 et 44.

[2] Jal, op. cit., p. 755. Ce titre lui est donné dans l'acte de sépulture de son fils Charles (1707) ; Herluison, op. cit., p. 226, et Guiffrey, Nouvelles Archives de l'art français, 3e série, t. XIII, Revue, 14e année, 1897, p. 45. — Sur S. Le Clerc consulter sa biographie par Ed. Meaume (Paris, 1877, in-8°).

[3] Vicomte de Grouchy, dans Nouvelles Archives de l'art français, 3e série, t. VI, Revue, 7e année, 1890, p. 294 ; Herluison, op. cit., p. 225.

[4] Son acte de décès le qualifie chevalier romain. Jal, op. cit. ; Herluison, op. cit., p. 226 ; Piot, op. cit., p. 71.

[5] Ce partage a été publié par M. Guiffrey, Nouvelles Archives de l'art français, t. Ier, 1872, p. 316-329.

sculpture, porte : *d'azur à un flambeau aislé d'argent, allumé d'or et posé en pal*[1]. »

LXXX

Benoist (Antoine)
(25 juillet 1706)

Antoine Benoist, né à Joigny (Yonne), où il fut baptisé le 24 janvier 1632, était fils de Jean, menuisier, sculpteur en bois et architecte, et de Marie Hubert. Il appartenait, paraît-il, à une famille noble, qui avait dérogé, et il obtint du Roi, le 25 juillet 1706, des lettres de relief[2]. Quelques années auparavant, Benoist avait fait enregistrer ses armes à l'Armorial général : *d'or à trois abeilles de sable, deux en chef et une en pointe, et sur le tout un cercle d'azur semé d'abeilles d'or*[3]. Il avait épousé, avant 1659, Antoinette Houdaille et est surtout connu par un cabinet de figures en cire, qu'il avait formé chez lui rue des Saints-Pères et qui eut à l'époque une véritable célébrité. Le Cabinet des médailles de la Bibliothèque nationale possède de lui plusieurs miniatures d'un excellent travail[4]. Son testament, du 13 décembre 1714, nous fait connaître ses enfants[5], dont deux, Gabriel et Antoine, eurent le titre de peintres du Roi. Antoine Ier mourut le 8 avril 1717 ; son acte de sépulture le qualifiait : écuyer, peintre du Roi et son unique sculpteur en cire colorée[6]. Gabriel Benoist obtint, le 21 décembre 1717, le renouvellement en sa faveur du privilège accordé à son père, en 1668 et 1698, de montrer en public des représentations en cire des princes, princesses et autres personnages de la cour qui avaient accoutumé de composer le cercle de la feue reine[7].

[1] Bibl. nat., Paris, t. I, p. 987-988 ; blasons coloriés, Paris, t. I, p. 548.
[2] Lettres publiées par M. J.-J. G[uiffrey], dans *Nouvelles Archives de l'art français*, t. Ier, 1872, p. 303-306.
[3] Bib. nat., Armorial général dressé en 1696 et années suivantes, Paris, t. Ier, p. 1394-1395, et blasons coloriés, Paris, t. I, p. 547, cité déjà un peu inexactement par Jal, *op. cit.*, p. 193.
[4] Voir un article de Chabouillet, dans *Nouvelles Archives de l'art français*, t. Ier, 1872, p 306-311.
[5] Cf. H. Stein, *Nouveaux documents sur le peintre sculpteur Antoine Benoist*, dans *Réunion des Sociétés des Beaux-Arts*, t. XIX, 1895, p. 797-804.
[6] Jal, *op. cit.* ; Herluison, *op. cit.*, p. 29
[7] Stein, *op. cit.*

LXXXI

Dupuis ou Dupuy (Nicolas)
(24 décembre 1706)

Le peintre Nicolas Dupuy était né à Pont-à-Mousson; il fut anobli, le 24 décembre 1706, par le duc de Lorraine Léopold. De son mariage avec Catherine Philippin, il eut plusieurs enfants, parmi lesquels Philippe, qui suivit la carrière de son père. Dupuy portait : *d'or à la fasce de gueules, chargée d'un alérion d'argent.*

Les lettres de noblesse de 1706 nous apprennent que son bisaïeul maternel Barthélemy Le Brun, peintre ordinaire du duc Charles III, avait été anobli par ce prince [1].

LXXXII

Coypel (Antoine)
(Avril 1717)

Antoine Coypel, baptisé à Paris (Saint-Germain-l'Auxerrois) le 12 avril 1661, était fils de Noël Coypel, peintre ordinaire du Roi, directeur de l'Académie de France à Rome, et de sa première femme Madeleine Hérault [2]; il décéda aux galeries du Louvre [3], le 7 janvier 1722. Il avait épousé, le 7 février 1689, Marie-Jeanne Bidault, dont il eut cinq enfants. Antoine Coypel, premier peintre du Roi, et directeur de l'Académie de peinture, obtint des lettres de noblesse, au mois d'avril 1717 [4]. Un de ses fils, Charles-Antoine, devint également premier peintre du Roi. Il n'eut pas à être anobli, puisque son père l'avait été; reçut-il le cordon de Saint-Michel,

---

[1] Jacquot, *Anoblissements d'artistes lorrains*, op. cit., t. IX, 1885, p. 126, et Jacquot, *Essai de répertoire des artistes lorrains*, 1re partie, loc. cit., t. XXIII, 1899, p. 436-437 et pour Le Brun, p. 411.

[2] Herluison, op. cit., p. 93; Piot, op. cit., p. 29.

[3] Herluison, op. cit.

[4] Ces lettres ont été publiées par M. Guiffrey, *Artistes anoblis*, I, p. 15-17, n° VII. — Sur la famille Coypel, cf. notamment Jal, op. cit., p. 448-451; Dumont et Lavigne dans *Nouvelles Archives de l'art français*, t. V, 1877, p. 224-225 et 229-237.

comme l'a supposé M. Guiffrey[1]? Ce n'est pas probable. On ne cite en effet aucun acte où il prenne la qualité de chevalier de l'ordre du Roi. Il mourut garçon aux galeries du Louvre, le 14 juin 1752; son acte de sépulture et son billet d'enterrement le disent seulement : écuyer, premier peintre du Roi et de Mgr le duc d'Orléans, directeur et recteur de l'Académie royale de peinture et de sculpture, garde de dessins du cabinet de Sa Majesté et censeur royal[2]. S'il avait été chevalier de Saint-Michel, mention en aurait vraisemblablement été faite.

Règlement d'armoiries pour Antoine Coypel[3].

Règlement d'armoiries par Charles d'Hozier, juge d'armes et garde de l'Armorial général de France, pour Antoine Coypel, premier peintre du Roi et directeur de l'Académie de peinture, anobli par lettres patentes données à Versailles en avril 1717. Paris, 13 avril 1717.

Un écu *de gueules à un aigle d'or, le vol étendu ; et un chef d'azur chargé d'un soleil d'or, acoté de deux fleurs de lis de même.* Cet écu timbré d'un casque de profil, orné de ses lambrequins de gueules, d'or et d'azur.

(Bibl. nat., Nouveau d'Hozier, dossier Coypel, fol. 2; copie.)

LXXXIII et CVIII

Roettiers (François)
(29 février 1720)

et Roettiers (Jacques)
(Février 1772)

Sur la famille des célèbres graveurs Roëttiers, on peut consulter les renseignements donnés par Jal[4] et surtout l'article important

---

[1] *Op. cit.*, I, p. 37, note.
[2] Acte de sépulture publié par Jal, *op. cit.*, p. 450; Herluison, *op. cit.*, p. 94; Piot, *op. cit.*, p. 29-30, et billet d'enterrement par Chabouillet, dans *Nouv. Archives de l'art français*, 2ᵉ série, t. II, 1880-1881, 9ᵉ volume de la collection, p. 202-203. — Cf. aussi les scellés après décès de Ch.-A. Coypel (16 juin 1752) publiés par M. Guiffrey, *Scellés et inventaires d'artistes*, 2ᵉ partie (1885), p. 161-164.
[3] Voir ci-dessous, nº CXL, les armes attribuées aux peintres Antoine et Noël Coypel, par l'*Armorial général* de 1696.
[4] *Op. cit.*, p. 1071-1073.

de M. V. Advielle [1] auquel il faut joindre les études publiées depuis par M. T. Abraham [2], MM. Jouin et Mazerolle [3] et M. A. de Witte [4].

Nous ne dirons ici quelques mots que des deux membres de cette famille qui ont été anoblis : François par l'empereur Charles VI, et Jacques par le roi Louis XV.

François, fils de Philippe Roëttiers, successivement graveur général des médailles et monnaies de Charles II roi d'Angleterre, puis du roi d'Espagne dans les Pays-Bas, et de Jeanne-Marie de Mangeleer, naquit à Londres le 3 novembre 1685. Graveur, premier dessinateur de Sa Majesté Britannique, puis directeur de l'Académie des Beaux-Arts de Vienne, il avait épousé à Paris, le 12 juillet 1712 (contrat du 28 juin), Jeanne Hacquet, veuve de François Heurté, receveur des épices de la deuxième chambre des Enquêtes.

Jeanne décéda à Tours et fut inhumée en l'église Saint-Saturnin de cette ville le 2 février 1734 [5]; quant à François, il mourut, le 10 juin 1742, à l'hôpital royal des Nations, dit Espagnol, situé dans le faubourg de la ville de Vienne, appelé de Rozeau. Ils ne laissèrent pas d'héritiers directs [6].

---

[1] *Notice sur les Roëttiers, graveurs généraux des monnaies de France, graveurs particuliers de la monnaie de Paris et orfèvres*, dans *Réunion des Sociétés des Beaux-Arts*, t. XII, 1888, p. 446-570.

[2] *Documents inédits sur Joseph-Charles Roëttiers, graveur général des monnaies de France*, dans *Réunion des Sociétés des Beaux-Arts*, t. XIV, 1890, p. 563-567.

[3] *Les Roëttiers, graveurs de médailles* (Mâcon, Protat frères, 1894), tirage à part des *Nouvelles Archives de l'art français*, 3e série, t. X, *Revue*, onzième année, 1894, p. 66-89 et 117-184.

[4] *Notes sur les Roëttiers, graveurs généraux des monnaies aux Pays-Bas méridionaux*, dans *Correspondance historique et archéologique*, 2e année, 1895, p. 33-36, 252-255 et 337-346.

[5] Voici son acte de décès qui est, croyons-nous, inédit : « Le deux[e] février mille sept cens trente-quatre a été inhumé dans l'église de cette paroisse par nous recteur-curé de Saint-Saturnin, conseiller clerc au présidial, le corps de Dame Jeanne Haquet, épouse de Monsieur François Rottier (*sic*), âgée de cinquante ans, après avoir receu les sacremens. (*Signé :*) Roussin du Vabre, recteur-curé de Saint-Saturnin, conseiller clerc. » (Arch. mun. de Tours, État civil de Saint-Saturnin, t. XXI). Il est donc bien certain que Jeanne Hacquet ne mourut pas à Vienne, comme le dit M. Advielle, *loc. cit.*, p. 508, note 2.

[6] Advielle, *loc. cit.*, p. 507-510, 562-563 et 569-570 et le Marquis de Granges de Surgères, *Artistes français des dix-septième et dix-huitième siècles ; extraits des comptes des États de Bretagne*, p. 180-183.

François avait été anobli par l'empereur Charles VI, le 29 février 1720 ; une traduction des lettres de noblesse qui lui furent accordées a été publiée par M. Advielle [1] ; nous donnons ci-dessous le texte latin original de cette pièce.

Le second membre de la famille dont nous ayons à parler ici est Jacques Roëttiers, neveu à la mode de Bretagne de François. Jacques, fils de Norbert, ancien graveur général des monnaies de France, et de Winfride Clarke, petite-nièce de Marlborough, naquit à Saint-Germain-en-Laye, le 29 (et non le 20) août 1707, et fut baptisé le 30, ayant pour parrain Jacques III, roi d'Angleterre, et pour marraine la duchesse de Perth. D'abord graveur de monnaies, il abandonna bientôt cette partie pour se livrer à l'art de l'orfèvrerie, dans lequel il excella. Le 6 juin 1734, il épousa à Saint-Germain-l'Auxerrois Marie-Anne, fille de Nicolas Besnier, écuyer, ancien échevin de Paris, orfèvre ordinaire du Roi, dont il obtint la survivance en qualité d'orfèvre ordinaire, le 22 décembre 1737. De ce mariage naquirent deux enfants : Jacques-Nicolas Roëttiers de la Tour, qui fut échevin de Paris, et Alexandre-Louis Roëttiers de Montaleau, d'abord orfèvre du Roi, puis auditeur ordinaire en la Chambre des Comptes et enfin directeur de la monnaie de Paris. En 1773, Jacques Roëttiers fut reçu membre de l'Académie de peinture et de sculpture ; il mourut aux galeries du Louvre, le 17 mai 1784 [2].

Dès 1749, les Roëttiers, et notamment Jacques, avaient voulu établir qu'ils appartenaient à une famille d'ancienne noblesse et s'étaient fait délivrer un certificat le constatant par le héraut d'armes de la ville et marquisat d'Anvers [3]. S'appuyant sur cette pièce, Jacques obtint, au mois de février 1772, des lettres de confirmation de noblesse et d'anoblissement en tant que besoin [4], qui furent enregistrées au Parlement, le 30 janvier 1773, *à charge par le dit impétrant de ne pouvoir exercer dorénavant la profession d'orfèvre* [5].

[1] *Op. cit*, p. 556-558, n° XXII.
[2] Advielle, *op. cit.*, p. 494-502, 549-550, 563-567 et 569.
[3] *Id.*, *op. cit.*, p. 553, n° XVII.
[4] Publiées par M. Guiffrey, *op. cit.*, I, p. 33-35, n° XVII, et par M. Advielle, *op. cit.*, p. 551-552, n° XVI. — Une copie de ces lettres se trouve à la Bibl. nat., Nouveau d'Hozier, dossier Roëttiers, fol. 6-7.
[5] Advielle, *op. cit.*, p. 554-555, n° XIX.

Les armes anciennes des Roëttiers étaient : *coupé, au 1, d'azur chargé d'un lion léopardé d'or ; au 2, de sinople à trois gerbes liées d'or, posées en fasce* [1]. On trouvera ci-dessous l'analyse du règlement d'armoiries fait pour Jacques Roëttiers, par A.-M. d'Hozier de Sérigny, le 30 mars 1772.

Lettres de noblesse pour François Roëttiers (1720).

Carolus VI, divina favente clementia electus Romanorum imperator, semper augustus ac rex Germaniæ[2]... nostro sacrique Romani imperii fideli dilecto Francisco Roettiers gratiam nostram Cæsaream et omne bonum.

Inter reliquas ab Omnipotente Deo summis principibus clementer concessas supremæ potestatis prerogativas, hæc etiam eminet quod eos, qui natalium invidia infra meritorum suorum dignitatem collocati fuerint, ad altiorem conditionis gradum extollere, atque ita naturæ dispendium reparare, possint, æquitati enim non modo consentaneum, sed etiam ad Reipublicæ conservationem et incrementum omnino necessarium videtur, ut virtus, sive a majoribus in posteros propagata, sive ab his proprio conamine acquisita, honorificæ commendationis adminiculo, in illorum laudem et gloriam redundet simulque ad aliorum imitationem provehatur, alioquin præclarissima hominum ingenia ad otium magis quam ad illustrium facinorum studia reparentur, in eo tamen præcipue intentum oportet esse gratificantis animum, ut ejusmodi honores pro impetrantium qualitatibus æqua ratione distribuantur.

Humillima itaque dispositione tua edocti te Franciscum Roettiers a juventute tua in addiscendas artes liberales, nimirum delineatoriam, pictoriam et cælatoriam, necnon in efformandos typos architectonicos, tanto studio tantoque profectu incubuisse, ut, anno ætatis tuæ vigesimo primo, jam pluribus principibus ejusmodi operam tuam cum laude exhibueris, quemadmodum nunc eam serenissimis electoribus Coloniensi et Bavariæ impræsentiarum præstes, et insuper in Academia Parisiensi dignitate professoris condecoratus, nihilque hactenus in te desiderari passus sis, quo patris et binorum patruorum tuorum de Republica bene merendi exemplum, siquidem omnes tres respective in Hispania, Gallia et Anglia generales monetarum et numismatum cælatores magno cum applausu egerint, præclare imitareris ac præterea benigne intelligentes te in Belgio cum diversis

---

[1] ADVIELLE, *op. cit.*, p. 568, et A. DE WITTE, *op. cit*, p. 340 (dessin). — Cf. également ci-dessous ce que disent des armes anciennes de la famille les lettres de noblesse de 1720.

[2] Suit une longue énumération des titres de Charles VI.

claris familiis conjunctum esse, faciendum nobis putavimus, ut munificentiam nostram Cæsaream, qua tibi effigiem nostram nummo aureo impressam donavimus, nova gratia posteris quoque tuis honori et ad paria virtutis conamina jugi incitamento futura clementer augeremus.

Ac deinde motu proprio, ex certa scientia, animo bene deliberato ac sano accedente consilio, deque Cæsareæ nostræ potestatis plenitudine, tuæ Francisce Roettiers originis nobilitatem nonmodo confirmamus, et, quatenus opus est, de novo concedimus, verum etiam te militem seu equitem nostrum Imperialem facimus, creamus, nominamus et constituimus, teque pariter ac omnes liberos, hæredes, posteros ac descendentes ex legitimo matrimonio natos et posthac nascituros, in numerum, consortium, statum, gradum et dignitatem nostrorum et sacri Imperii, regnorumque ac ditionum nostrarum hæreditariarum, militum seu equitum assumimus, extollimus et aggregamus, vosque omnes et singulos, juxta sortis humanæ qualitatem, antiqui ordinis equestris et tanquam ex equestri genere a quatuor avis paternis et maternis procreatos dicimus, nominamus, ac antiqui ordinis equestris fascibus insignimus ac illustramus...

Utque hujus dignitatis tuæ externum etiam, quod in oculos hominum incurrat, documentum extet, gentilia armorum insignia a te jam antea gesta, auctoritate Cæserea, non solum clementer approbamus et confirmamus, sed etiam infranotato modo augemus et locupletamus, tibique et descendentibus tuis legitimis, omni posthac tempore, gestanda et deferenda concedimus, in hunc qui sequitur modum :

Scutum videlicet militare erectum, quadripartitum : prima et quarta sui parte, ex speciali gratia nostra sic mutatis, argenteo et minio horizontaliter aut transverse bipartitum, emergente in medio aquila rupicola nativi coloris, alis expansis et rostro croceo seu aureo; secunda vero et tertia parte, quas jam antea in tuis armorum insignibus habuisti, similiter bipartitum cianco aut cæruleo et prasino seu viridi coloribus, in illo decurrit leo leopardinus aureus, in hoc vero tres mergites aureæ triticiæ, deinceps positæ, et auro colligatæ, consistunt; scuto incumbit galea tornearia coronata, equitibus dari consueta, unde apex assurgit aquila scutaria, concomitata tribus mergitibus pariter scutariis, laciniæ defluentes a dextris aureæ et cæruleæ, a sinistris autem aureæ et virides, quemadmodum hæc omnia vivis suis coloribus hic distinctius representatur [1].

Porro tibi Francisco Roettiers, omnibusque liberis, hæredibus, posteris

---

[1] « Dans l'original, la page qui est de l'autre côté de cette explication représentoit un cadre où sont peintes ces armoiries, telles qu'elles sont blasonnées ici et au haut de ce cadre sont les armes de l'Empereur et ensuite neuf petits écussons, qui sont ceux de chaque électeur. » — On trouvera ci-dessous dans le règlement d'Antoine-Marie d'Hozier de Sérigny le texte français de ce blason.

et descendentibus tuis legitimis utriusque sexus, hanc gratiam et facultatem concessimus et elargiti sumus, ac vigore præsentium concedimus et elargimur, ut vos dehinc non solum sacri Imperii equites, sed etiam nobiles de (germanice) *Blervon* denominare possitis et valeatis, atque hujusmodi denominatione, tam scripto quam viva voce, intra et extra judicium, ubivis terrarum et gentium, appellari, vocari et salutari debeatis, non minus acsi ea progenitores et majores vestri ab immemorabili tempore legitime usi fuissent, illamque ad vos successionis jure propagassent.

Quapropter mandamus...

... Harum testimonio literarum, propria manu nostra subscriptarum, et sigilli nostri Cæsarei appensione munitarum, quæ dabantur in civitate nostra Viennæ, die vigesima nona mensis februarii, anno millesimo septingentesimo vigesimo, regnorum nostrorum Romani nono, Hispanicorum decimo septimo, Hungarici et Bohemici vero pariter nono. (*Signé :*) CAROLUS.

(*Plus bas :*) Ad mandatum sacræ Cæsareæ Majestatis proprium, PETRUS-JOSEPHUS DOLBERG ; (*un peu plus haut est cette signature :*) ULRICH-LARLOM DE SCHONBORN.

(*Au milieu de la page suivante est écrit :*) Collat^om et regist^om (*Signé :*) JOANNES-HERMANUS NOLDERG, registrator.

(*Et scellé du grand sceau de l'empire en cire rouge, étant dans une boëte de bois et pendant sur lacqs en or.*)

(Bibl. nat., Nouv. d'Hozier, dossier Roëttiers, fol. 2-5 ; copie faite sur l'original en parchemin qui est contenu dans un livre couvert de velours cramoisi ; cet original a été vu par d'Hozier de Sérigny en 1772. — Cf. la traduction de cette pièce, Advielle, *loc. cit.*, p. 556-558. n° XXII.)

Règlement d'armoiries pour Jacques Roëttiers (1772).

Règlement d'armoiries par Antoine-Marie d'Hozier de Sérigny, juge d'armes de la noblesse de France, pour Jacques Roëttiers. Paris, 30 mars 1772.

« Nous... lui avons réglé pour armoiries celles dont l'explication est énoncée dans le... diplôme ou rescript de l'empereur Charles VI, sçavoir, un écu *écartelé : au 1er et 4 coupé, le chef d'argent chargé d'un aigle au naturel, naissant à demi-corps, ayant le vol étendu et la tête contournée et béqué d'or, la pointe de gueules plein ; au 2 et 3 aussi coupé, le chef d'azur à un lion léopardé d'or courant et la pointe de sinople à trois gerbes d'or rangées en fasce. Le dit écu sommé d'un casque de trois quarts, orné de ses lambrequins, ceux de droite d'or et d'azur et ceux de gauche d'or et de sinople; et le dit casque surmonté d'une couronne d'or, de* laquelle sortent trois gerbes aussi d'or, chargées d'un demi-aigle au naturel ayant le vol étendu et la tête contournée et béqué d'or. »

(Bibl. nat., Nouv. d'Hozier, dossier Roëttiers, fol. 8 ; minute signée. — Cf. Advielle, *loc. cit.*, p. 554 et 568.)

LXXXIV

Rigaud (Hyacinthe)

(8 novembre 1723)

Hyacinthe Rigaud, le peintre célèbre, naquit à Perpignan, de Mathias Rigaud, tailleur d'habits, le 18 juillet 1659 et fut baptisé le 20. Il décéda à Paris, le 29 décembre 1743, en la paroisse Saint-Roch et fut inhumé le 30 dans l'église des Jacobins de la rue Saint-Honoré ; l'acte de sépulture lui donne les titres suivants : écuyer, citoyen noble de la ville de Perpignan, peintre ordinaire du Roi, recteur et ancien directeur de l'Académie royale de peinture et de sculpture, chevalier de l'ordre de Saint-Michel [1].

On trouvera dans les *Mémoires inédits sur la vie et les ouvrages des membres de l'Académie royale de peinture et de sculpture* [2] les pièces suivantes :

1° Lettres des consuls de Perpignan pour recevoir et admettre le sieur H. Rigaud comme noble citoyen de cette ville, en vertu des privilèges accordés à l'assemblée de la noblesse et aux consuls de Perpignan d'anoblir chaque année, le 17 juin, un sujet, comme si c'était le prince lui-même qui l'eût fait (18 juin 1709) ;

2° Arrêt du Conseil d'État qui maintient le sieur Rigaud dans la noblesse à lui conférée par les lettres des consuls de Perpignan du 18 juin 1709 et dans tous les privilèges dont jouissent les autres nobles du royaume (Versailles, 8 novembre 1723) ;

3° Lettres du Roi à M. Rigaud pour lui annoncer sa nomination de chevalier de l'ordre de Saint-Michel (Versailles, 22 juillet 1727) [3] ;

4° Lettres patentes du Roi au maréchal-duc d'Estrées pour le charger d'examiner les titres du sieur Rigaud et, s'ils sont suf-

---

[1] Voir l'acte de baptême et l'acte de sépulture dans Jal, *op. cit.*, p. 1063 ; cf. aussi Herluison, *op. cit.*, p. 283, et Piot, *op. cit.*, p. 109.
[2] Tome II, p. 134 et suiv. ; cf. aussi p. 121-122.
[3] *Ibid.*, p. 124.

fisants, le recevoir chevalier de Saint-Michel (Versailles, 22 juillet 1727);

5° Acte par lequel le duc d'Estrées certifie avoir reçu M. Rigaud dans l'ordre de Saint-Michel (Paris, 12 août 1727);

6° Lettres du Roi, sous le grand sceau de l'ordre de Saint-Michel, pour faire reconnaître le sieur Rigaud en sa qualité de chevalier du dit ordre (Versailles, 14 août 1727).

De son mariage avec Marie-Élisabeth de Gouy, veuve du sieur Le Juge, célébré en 1710 (contrat du 19 mai), Rigaud n'eut pas d'enfant; il ne laissa que des héritiers collatéraux, qui comparaissent à l'apposition des scellés le 29 décembre 1743[1]. La femme du peintre l'avait précédé au tombeau de quelques mois, étant décédée le 15 mars de cette même année[2]. On lit dans l'Armorial général la mention suivante : « Hiacinthe Rigault, peintre du Roy, porte *écartellé : au premier, d'argent à une plante de sinople, sur une terrasse de mesme; au second, d'or à un arbre de sinople, sur un tertre de mesme; au troisiesme, d'or à trois faces ondées d'azur, surmontées d'un cancre de gueules; au quatriesme, d'argent à un ours de sable, passant et issant du flanc dextre*[3]. »

LXXXV

BOULLONGNE (LOUIS DE)
(Novembre 1724)

Premier peintre du Roi, comme Le Brun, Mignard et Coypel, Louis de Boullongne ou de Boulogne fut anobli comme eux.

Louis II de Boullongne était fils de Louis Ier Boullongne, peintre ordinaire des Bâtiments du Roi, professeur de son Académie royale, et de Barbe Larchevesque; il naquit à Paris le 10 novembre 1654 et épousa à Saint-Eustache, le 3 février 1688, Marguerite (ou Marie), fille de feu Denis Bacquet, maître potier d'étain, dont il eut plusieurs enfants. Dès 1720, au mariage de sa fille Marie-Anne avec Jean-Pierre Richard, Louis prenait la qualité d'écuyer; pourtant les très intéressantes lettres de noblesse qui lui furent

---

[1] GUIFFREY, *Scellés et inventaires d'artistes*, 2e partie, p. 44-66.
[2] JAL, *loc. cit.*
[3] Bibl. nat., Armorial général ms. dressé en 1696 et années suivantes, Paris, t. II, p. 730 et blasons coloriés, Paris, t. I, p. 545

accordées ne sont datées que du mois de novembre 1724¹. Ces lettres mentionnent du reste que le Roi avait donné au peintre, dès 1722, l'ordre de Saint-Michel.

Louis II mourut le 21 novembre 1733 et fut inhumé le 22 à Saint-Eustache; l'acte de sépulture lui donne les titres suivants : écuyer, chevalier de l'ordre de Saint-Michel, premier peintre du Roi, directeur de l'Académie royale de peinture et de sculpture et l'un de Messieurs de l'Académie des inscriptions et belles-lettres².

Jal et Bellier de la Chavignerie disent que Louis Boullongne fut nommé premier peintre du Roi en 1725; les lettres d'anoblissement de novembre 1724 lui donnent déjà cette qualification.

Ses armes étaient : *de gueules à une tour d'argent, au chef d'azur chargé de trois étoiles d'or* (aliàs, *d'argent*)³. Selon Jal, Louis II aurait eu successivement les armes précédentes, qui étaient celles de son père, et les suivantes que portait son frère le peintre Bon de Boullongne : « *deux lions en tête et un en queue, séparés par une fasce de sable descendant de gauche à droite* (sic)⁴ ».

Il faut cependant remarquer que l'Armorial général de 1696 indique sous le nom de Bon Boullongne, peintre du Roi et professeur de l'Académie, les armes suivantes : *d'azur à une tour d'argent maçonnée de sable et un chef d'argent chargé de trois étoiles de gueules*⁵.

LXXXVI

LA LANDE (MICHEL RICHARD DE)

Ce musicien, fils d'un tailleur, naquit à Paris le 15 décembre 1657. Il devint surintendant de la musique du Roi. Il avait

---

¹ Publiées par M. GUIFFREY, *op. cit.*, I, p. 20-22, n° X.
² JAL, *op. cit.*, p. 266-267; DUMONT et LAVIGNE, dans *Nouvelles Archives de l'art français*, t. V, 1877, p. 227-229.
³ BELLIER DE LA CHAVIGNERIE et AUVRAY, *Dictionnaire*, t. I, p. 140; JAL, *op. cit.*, p. 268; RIETSTAP, *Armorial général*, 2ᵉ édition, t. I, p. 268, v° Boullongne (à Paris).
⁴ Cf. RIETSTAP, *op. cit.*, t. I, p. 268, qui attribue les armes ci-dessous à une famille du Tournaisis, anoblie en 1701, nommée Boullogne ou Boulogne : *d'argent à la bande de sable, accostée de trois lions de sinople, lampassés et couronnés d'or, deux en chef et un en pointe.*
⁵ Paris, t. II, p. 926-927 et blasons coloriés, Paris, t. Iᵉʳ, p. 546.

épousé Anne Rebel[1]. La note suivante nous apprend qu'il reçut, à une date que nous ignorons, le collier de Saint-Michel :

« Michel de La Lande, surintendant de la musique de la Chambre du Roy et maître de musique de sa Chapelle, mort à Versailles le 18 juin 1726, âgé de 68 ans, un des chevaliers de S.-Michel[2]. »

LXXXVII

Christophe (Claude)

(30 mai 1726)

Né à Verdun en 1667, mort célibataire à Nancy le 3 août 1746, Claude Christophe, peintre ordinaire du duc de Lorraine Léopold Ier, était frère de Joseph Christophe, qui fut recteur de l'Académie royale de peinture et de sculpture de Paris. Il fut anobli par le duc de Lorraine, le 30 mai 1726. Armes : *d'argent au chevron d'azur, accompagné de trois merlettes de sable, deux en chef, une en pointe, à la bordure engrêlée de gueules*[3].

LXXXVIII

Wleughels ou Vleughels (Nicolas)

(Juillet 1726)

Nicolas Wleughels était fils de Philippe, peintre ordinaire du Roi en son Académie royale, et de Catherine de La Plate-Montagne; il fut baptisé le 11 décembre 1688. Il épousa Marie-Thérèse Gosset et eut au moins un fils Bernardin.

Nommé, en 1724, directeur-adjoint de l'Académie de France à Rome, il succéda, en 1725, au directeur Ch.-Fr. Poërson, décédé le 2 septembre. Il mourut lui-même à Rome le 11 décembre 1737 et fut inhumé en l'église Saint-Louis-des-Français[4]. En 1726, le

---

[1] Jal, *op. cit.*, p. 731 ; Fétis, *Biographie universelle des musiciens*, 2e édition, t. V, p. 170, et *Supplément* par Pougin, t. II, p. 66 ; Riemann, *Dict. de musique*, traduction de G. Humbert sur la 4e édition, p. 441.

[2] Bibl. nat., franç. 32870, anciennement Cabinet des titres n° 1044, p. 544.

[3] Jacquot, *Anoblissements d'artistes lorrains*, loc. cit., t. IX, p. 122-123, et *Essai de répertoire des artistes lorrains*, 1re partie, *loc. cit.*, t. XXIII, p. 421-422.

[4] Jal, *op. cit.*, p. 1302-1303 ; A. de Montaiglon et J. Guiffrey, *Correspondance des directeurs de l'Académie de France à Rome*, t. VII, VIII et IX.

Roi accorda à Wleughels des lettres de noblesse et l'ordre de Saint-Michel [1].

Règlement d'armoiries pour N. Wleughels.

Règlement d'armoiries par Charles d'Hozier, juge d'armes et garde de l'Armorial général de France, pour Nicolas Vleughels, directeur de l'Académie de peinture entretenue par Sa Majesté à Rome. Paris, 31 juillet 1726.

Un écu *d'azur à une fasce d'or, accompagnée en chef de trois grenades de même, les tiges et les feuilles de sinople, et en pointe d'un cygne d'argent nageant sur une rivière de sinople.* Cet écu timbré d'un casque de profil, orné de ses lambrequins d'or, d'azur, d'argent et de sinople.

(Bibl. nat., Nouv. d'Hozier, dossier Vleughels, fol. 4 ; minute signée.)

LXXXIX

Frémin (René)
(Vers 1729?)

René Frémin, né à Paris, sur le Pont-au-Change, le 1er octobre 1672, de Jean Frémin, maitre ceinturier, et de Marguerite Tartarin, décéda aux galeries du Louvre, le 17 février 1744, étant « écuyer, conseiller-secrétaire du Roi, Maison, Couronne de France et de ses finances, directeur et recteur de l'Académie royale de peinture et de sculpture et premier sculpteur de Sa Majesté Catholique ». Il avait épousé, le 22 novembre 1707, Suzanne Cartaud, fille de feu Silvain Cartaud, architecte, entrepreneur des Bâtiments du Roi, et de Marie-Marguerite Dubrugra, sœur de Jean-Silvain Cartaud, très habile architecte [2].

Le 14 janvier 1721, Frémin avait obtenu, avec le sculpteur Jean Thierry, la permission de se rendre en Espagne et d'y travailler pour Sa Majesté Catholique. Il y resta longtemps et y travailla de 1721 à 1738 aux sculptures de Saint-Ildefonse [3]. Selon le Cheva-

---

[1] Guiffrey, *op. cit.*, II, p. 228-229, n° III. Une copie de ces lettres de noblesse (juillet 1726) se trouve dans le Nouveau d'Hozier, dossier Vleughels, fol. 2 et 3. — Voir aussi *Correspondance des directeurs de l'Académie de France à Rome*, t. VII, p. 261-263 et 267.

[2] Jal, *op. cit*, p. 614-615 et 320. L'acte de décès de Frémin a été également publié dans Herluison, *op. cit.*, p. 146, et Piot, *op. cit.*, p. 49.

[3] Guiffrey, dans *Nouvelles Archives de l'art français*, t. V, 1878, p. 20.

lier de Valory[1], il aurait été anobli quelques années après 1733 par le roi Philippe V ; mais il ne put malgré ses efforts faire confirmer sa noblesse en France : aussi se détermina-t-il à acheter une charge de secrétaire du Roi du grand collège, charge qui avait le privilège d'anoblir. Nous n'avons pas retrouvé les lettres de noblesse qui lui furent accordées par Philippe V et dont la teneur, dit le Chevalier de Valory, était extrêmement honorable ; comme la qualification d'écuyer est donnée à Frémin sur le billet d'invitation aux messes pour le repos de l'âme de sa femme (décembre 1730), dont on trouvera le texte ci-dessous, il y a lieu de penser que le sculpteur avait été anobli, non après 1733, mais vers 1729.

Frémin laisse deux fils : Jean-Silvain, seigneur du Coudray, maître des Comptes, et Claude-René, seigneur de Sy, secrétaire du Roi [2].

Invitation aux messes dites pour Madame Frémin.

M. Vous estes priez d'assister aux Messes pour le repos de l'Ame de Dame Suzanne Cartaud, Épouse de Monsieur Frémin, Ecuyer, Sculpteur Ordinaire du Roy, Professeur en son Académie Royale de Peinture et de Sculpture et premier Sculpteur de Sa Majesté Catholique ; qui se diront Samedy 23e Décembre 1730, depuis sept heures du matin jusqu'à midy, aux Autels de la Paroisse, de la Sainte Vierge, et de S. Louis, en l'Eglise de Saint Germain l'Auxerrois, sa Paroisse. Messieurs et Dames s'y trouveront, s'il leur plaist. Un *De profundis* [3].

XC

Troy (Jean-François de)

(1738)

Cet artiste célèbre, dont le père, l'aïeul et l'oncle ont également exercé l'art de la peinture, est bien connu[4] ; la notice publiée ci-

---

[1] Valory, *René Frémin*, dans *Mémoires inédits sur les académiciens*, t. II, p. 207-208.

[2] *Ibid.*, p. 209.

[3] Un exemplaire de ce billet est conservé à la Bibl. nat., département des imprimés, Recueil factice coté L n¹ 77, v° Frémin.

[4] Jal, *op. cit.*, p. 1207 ; Bellier de la Chavignerie et Auvray, *op. cit.*, t. II, p. 596-597 ; P. Lafond, *Portrait de Madame de Miramion par François de Troy* dans *Réunion des Sociétés des Beaux-Arts*, t. XX, 1896, p. 207.

dessous donne des renseignements intéressants sur lui et sa famille.

Son père, François de Troy, épousa, non une sœur de Nicolas Loir, mais Jeanne, fille du peintre Jean Ier Cotelle, dont naquit à Paris, entre autres enfants, Jean-François, baptisé à Saint-Nicolas-du-Chardonnet, le 27 janvier 1679. François décéda le 1er mai 1730 et fut inhumé le 2 à Saint-Eustache, en présence de son fils Jean-François, peintre ordinaire du Roi, professeur en son Académie, et de Guillaume-Martin Poupard du Coudray, son gendre [1]. Il avait fait inscrire ses armes et celles de sa femme à l'Armorial général : « François de Troy, peintre ordinaire du Roy, professeur en son Académie de peinture et sculteure et Jeanne Cottelle, son épouse, portent : *d'azur à une figure triangulaire d'argent pointée en haut, accompagnée en chef de deux étoilles d'or et en pointe d'un croissant aussy d'argent,* accolé *de gueules à un lion d'or, tenant des pattes de devant une tour d'argent massonnée de sable* [2]. »

Nous n'avons pas retrouvé les lettres d'anoblissement accordées à Jean-François; mais le texte qui suit peut en tenir lieu : c'est une notice personnelle signée par le peintre lui-même et destinée à la rédaction des lettres de noblesse, qui lui étaient nécessaires pour être reçu dans l'ordre de Saint-Michel. Le manuscrit contient du reste d'une autre main des corrections de pure forme, qui prouvent que la notice a été utilisée dans ce but. De Troy fut reçu chevalier de Saint-Michel le 25 mai 1738 [3]. Il partit au mois de juin pour Rome, où il succédait à Wleughels comme directeur de l'Académie de France. Il mourut dans cette ville, après avoir dirigé l'Académie pendant quatorze ans, le 24 janvier 1752, au moment où il allait rentrer en France, laissant à Rome son successeur Natoire [4]. L'éloge funèbre de J.-F. de Troy fut prononcé au chapitre de l'ordre de Saint-Michel tenu le 8 mai suivant [5]. Il avait épousé, en

---

[1] Jal, *op. cit.*; Herluison, *op. cit.*, p. 433; Piot, *op. cit.*, p. 36.
[2] Bibl. nat., Armorial général manuscrit dressé en 1696 et années suivantes, Paris, t. I, p. 98, et blasons coloriés, Paris, t. I, p. 546.
[3] Lemau de la Jaisse, *Sixième Abrégé de la carte générale du militaire de France jusqu'en décembre* 1739, 1re partie, p. 42.
[4] A. de Montaiglon et Guiffrey, *op. cit.*, t. IX et X.
[5] Louis de Grandmaison, *Documents concernant divers artistes membres*

1732, Marie-Anne Le Trouyt-Deslandes, qu'il perdit le 2 mars 1742. En mourant Jean-François ne laissa pas d'enfant et institua sa légataire universelle Mlle Cappon de Château-Thierry, sa petite-nièce [1].

Notice sur J.-F. de Troy par lui-même

Jean-François de Troy, écuyer, conseiller-secrétaire du Roy, Maison, Couronne de France et de ses finances, *directeur de l'Académie de peinture et sculpture entretenue par Sa Majesté en la ville de Rome, professeur de l'Académie de peinture et sculpture à Paris* [2].

Est [3] issu d'une famille qui, depuis plus d'un siècle, a vécu noblement dans la ville de Toulouze et y a exercé avec une distinction singulière le même art de peinture, dont il fait profession.

Son [4] ayeul, Antoine de Troy, est encore célèbre à Toulouze par un nombre considérable d'excellents ouvrages, qui y subsistent et qui rendront un témoignage immortel à sa capacité et à son mérite dans l'art.

François de Troy, fils puiné d'Antoine et père de Jean-François qui fait l'objet de ce mémoire, après [5] avoir pris les premiers principes de l'art de peinture en l'école de son père, vint s'établir à Paris ; il y exerça son art, pendant plus de soixante ans, avec le succès le plus éclatant et le plus généralement reconnu. En 1680, il fut par ordre du roy Louis XIV à la cour de Bavière et y fit le portrait de Madame la Dauphine, aïeule du Roy heureusement régnant, ouvrage qui lui attira les éloges les plus complets de cette cour et de celle de France et des marques particulières de la bonté de Louis le Grand. — Il a eu dans la suitte l'honneur de faire le portrait de ce monarque, celui de Monseigneur le Dauphin et ceux des trois princes ses enfants : Monseigneur le Duc de Bourgogne, le Roy d'Espagne et Monseigneur le Duc de Berry et ceux de tous les autres princes et princesses de la Maison Royale. L'ouvrage le plus propre à constater l'étendue de ses talents est un tableau historique, qu'il fit pour Monseigneur le Duc

de l'ordre de Saint-Michel, dans *Réunion des Sociétés des Beaux-Arts des départements,* t. XXIV, 1900, p. 467-469, n° IV.

[1] *Mémoires inédits sur la vie et les ouvrages des membres de l'Académie de peinture et de sculpture,* t. II, p. 280 et 287. — Cf. *Anciennes Archives de l'art français,* t III, *Documents,* t. II, p. 277.

[2] *Dans la seconde rédaction les mots en italiques sont remplacés par les suivants :* directeur de l'Académie royale de peinture et sculpture à Rome.

[3] *Avant* est *dans la seconde rédaction on a ajouté les mots :* qu'il.

[4] *Seconde rédaction avant* son *le mot* que.

[5] *Seconde rédaction, au lieu des mots en italiques, on a mis :* que François de Troy, son père, après.

du Maine, dans lequel, sous la représentation du repas que Didon donna à Énée, il peignit ce prince, sa famille et toute sa cour en plus de quarente portraits. Tous les personnages y sont dans la ressemblance la plus exacte, disposés et ajustés avec toute la grâce, la décence et la convenance qu'exigeoient leurs rangs différents et leurs caractères. Grand homme dans son art, il parvint à toutes les dignités académiques, où il ne brilla pas moins par la douceur de ses mœurs, sa politesse et sa probité, que par ses grands talents. Il mourut âgé de 86 ans, étant alors ancien directeur de l'Académie roïale de peinture et sculpture, et, ce qui est sans exemple, dans le plein exercice de son art [1].

Jean-François de Troy fit les études du même art sous un père aussi capable [2] de cultiver en lui les dispositions favorables, qu'il fit paroître dès sa plus tendre enfance; pour l'y perfectionner *il l'envoya à Rome* [3], où, après avoir été quelque tems pensionnaire de Sa Majesté, *il l'entretint* [4] pendant plus de dix années en cette capitale du monde, à Venise, à Boulogne et dans les autres principales villes d'Italie; il en est peu où il n'ait laissé des témoins des progrès qu'il y avoit fait dans son art. De retour en France, en 1708, il fut receu aussitost en l'Académie roïale de peinture et sculpture, sur le tableau qu'il avoit présenté pour n'être qu'agréé. Il s'attira la bienveillance particulière de Monseigneur le Duc d'Orléans, régent, qui sur un examen de concours l'honnora d'une pension. Celuy des principaux membres de l'Académie, fait par l'ordre du Roy, en 1727, ne luy fut pas moins glorieux ; les deux prix proposés pour les deux meilleurs furent joints ensemble et ensuite partagés entre luy et le feu S^r Le Moine. Il a fait divers ouvrages considérables pour le Roi et la Reine, à Versailles et dans d'autres maisons royales, et pour l'ordre du Saint-Esprit, l'un des principaux tableaux, quy sonts dans l'église des Grands Augustins à Paris, quy représente une promotion de chevaliers par le roy Henry 4e. Il est chargé actuellement par Sa Majesté d'une suitte de grands tableaux représentants l'histoire d'Esther, destinée à être exécutée en tapisserie à la manufacture royale des Gobelins. Il étoit le premier des professeurs de l'Académie de peinture et sculpture de Paris, lorsque le Roy le choisit pour remplir la place de directeur de celle que Sa Majesté entretient à Rome, après avoir eu avec une distinction particulière l'agrément du Roy pour l'une des charges de secrétaire de Sa Majesté, laquelle en considération de ses

---

[1] *En marge :* « Voir son article dans le Dictionnaire historique de Moréri au tome II du supplément à l'addition de 1732. »
[2] *Seconde rédaction, à la place des mots en italiques :* « que pour luy il a fait les études de son art sous un père si capable ».
[3] *Seconde rédaction :* il fut à Rome.
[4] *Seconde rédaction :* son père l'entretint.

ouvrages et de *ses services, veut bien l'honnorer* [1] de son ordre de chevallerie de Saint-Michel.

De Troy (avec paraphe).

XCI, CIX et CXII

Silvestre (Louis de) le jeune et Silvestre (Nicolas-Charles de)
(10 juillet 1741)

Silvestre (Jacques-Augustin de)
(Octobre 1775)

Silvestre (François-Charles de)
(Janvier 1780)

Les actes qui suivent donnant des renseignements suffisants sur la dynastie bien connue des Silvestre, on se contentera de dire quelques mots des personnages qu'ils concernent.

Les Silvestre seraient, disent les lettres publiées ci-dessous, issus de la famille des Silvestre ou Silvester venue d'Écosse, où elle jouissait d'un rang honorable, et établie en Lorraine vers le commencement du dix-septième siècle. Quoi qu'il en soit de ces prétentions, le premier membre connu est :

I. Marin Silvestre, dont :

II. Gilles Silvestre, cordonnier, puis peintre-verrier. Il épousa à Saint-Epvre de Nancy, le 5 août 1618, Elisabeth, fille de feu Claude Henriet, peintre du duc de Lorraine, et d'Adrienne de Rambervillers [2]. De ce mariage naquit, entre autres enfants :

III. Israël Silvestre, dessinateur ordinaire du Roi, maître à dessiner du Dauphin et des pages des Grande et Petite Écuries, conseiller en l'Académie royale de peinture et de sculpture, baptisé à Saint-Epvre de Nancy le 15 août 1621, décédé à Paris le 11 octobre 1691 [3]. Il épousa à Paris, en l'église Saint-Barthélemy, le 10 septembre 1662, Henriette Sélincart, fille de feu Pierre, marchand, et de Marguerite Janson, remariée à Jacques Coullon, s. de Bréval ; de ce mariage Israël eut, entre autres enfants :

[1] *Seconde rédaction :* ses services a bien voulu l'honnorer.
[2] H. Jouin dans *Nouvelles Archives de l'art français*, 3ᵉ série, t. II, *Revue*, 3ᵉ année, 1886, p. 154-156. Voir pour tout cet article, Jal, *op. cit.*, p. 1133-1135 ; Herluison, *op. cit.*, p. 408-411 ; Piot, *op. cit.*, p. 115.
[3] Voir son billet d'enterrement dans Fidière, *loc. cit.*, p. 51-52.

1. Charles-François, qui suit;

2. Louis l'aîné, né au Louvre le 20 mars 1669 et baptisé le 26, ayant pour parrain le Dauphin et pour marraine Mme de Crussol. Il fut membre de l'Académie royale de peinture, et épousa Marguerite Chanillac; il mourut le 18 avril 1740 et fut inhumé à Saint-Eustache, en présence de son gendre Jean-Louis Barrère ou Barbère, peintre de l'Académie de Saint-Luc;

3. Louis le jeune, né le 23 juin 1675. Il fut premier peintre du roi de Pologne, et directeur de son Académie de peinture et de sculpture à Dresde; rentré en France, il devint directeur de l'Académie royale de peinture et de sculpture de Paris. Il avait épousé en cette ville, paroisse Saint-Barthélemy, le 7 janvier 1704, Marie-Catherine Hérault, fille du paysagiste Charles Hérault. Il mourut au Louvre le 11 avril 1760.

On trouvera ci-dessous les lettres de noblesse que, le 10 juillet 1741, le roi de Pologne, Frédéric-Auguste, duc de Saxe, lui accorda, ainsi qu'à Nicolas-Charles Silvestre, fils de son frère Charles-François. Louis de Silvestre le jeune eut un fils, François-Charles, qui fut, après lui, chargé de l'Académie de Dresde, et, rentré en France, membre de l'Académie royale de peinture et de sculpture de Paris. François-Charles mourut le 10 janvier 1780; il venait d'être anobli par le roi Louis XVI, au commencement de ce même mois de janvier, et laissait de sa femme Marie-Catherine Marteau trois enfants: Louis-François-Marie, avocat en Parlement; Jean-Baptiste-Maximilien, aussi avocat en Parlement, et Amélie-Isabelle-Françoise-Josèphe [1].

IV. Charles-François Silvestre, baptisé à Saint-Eustache de Paris, le 10 avril 1667, graveur, maître à dessiner des Enfants de France, membre de l'Académie royale de peinture, décédé vers 1738. Il avait épousé Suzanne Thuret, fille d'Isaac, horloger de l'Académie des sciences et de l'Observatoire, dont il eut, entre autres enfants: Nicolas-Charles. Ses armes sont inscrites ainsi qu'il suit à l'Armorial général: « Charles-François Silvestre,

---

[1] J.-J. GUIFFREY, dans *Bulletin de la Société de l'histoire de l'art français*, n° d'octobre 1876, p. 83. L'acte de sépulture porte que François-Charles mourut le 10; on verra ci-dessous, à la suite de ses lettres d'anoblissement, une note d'Ant.-M. d'Hozier de Sérigny indiquant le 7 janvier comme date de son décès.

maître à dessigner de Mᵍʳˢ les Princes de Bourgogne, d'Anjou et de Berri et des pages des Grande et Petite Écuries du Roy, porte : *d'azur à un chevron d'or, accompagné de trois glands tigez et feuillez de même, deux en chef et un en pointe* [1]. »

V. Nicolas-Charles de Silvestre, né en 1699, peintre et graveur, décédé à Valenton (Seine-et-Oise), le 30 avril 1767. Il fut maître à dessiner des Enfants de France. Comme on l'a vu ci-dessus, il fut anobli par le roi de Pologne, le 10 juillet 1741, en même temps que son oncle Louis de Silvestre le jeune. Il épousa, le 6 avril 1717, à Saint-Germain-l'Auxerrois, Madeleine-Charlotte, fille de Jean Le Bas, ingénieur ès instruments de mathématiques pour le Roi, et de Catherine-Charlotte Le Roy ; il en eut deux enfants, dont l'un fut :

VI. Jacques-Augustin de Silvestre, né le 1ᵉʳ août 1719 et baptisé le 3 à Saint-Germain-l'Auxerrois [2], décédé à Paris le 10 juillet 1809, maître à dessiner des Enfants de France, porte-arquebuse du duc de Berry et du comte de Provence (1762), premier valet de garde-robe de Monsieur (1775). Il fut anobli par Louis XVI, en octobre 1775 (voir les lettres ci-dessous), et reçut la même année le collier de l'ordre de Saint-Michel [3]. De sa femme Anne-Françoise-Louise, fille de François Ferès, il eut Augustin-François, né le 7 décembre 1762 et baptisé le même jour à Notre-Dame de Versailles [4]. Augustin-François obtint sous la Restauration le titre de baron.

Lettres de noblesse pour Louis Silvestre et son neveu Nicolas-Charles Silvestre (1741).

Nous Frédéric-Auguste, par la grâce de Dieu, roy de Pologne, grand-duc de Lithuanie, de Russie, de Prusse, de Mazovie, de Samogitie, de Kyovie, de Volkynie, de Podolie, de Podlachie, de Livonie, de Smolenk, de Severie et de Czernichovie, duc de Saxe, de Juliers, de Clèves, de Bergue, d'Angrie et de Wetsphalie, archimaréchal et électeur du Saint-Empire Romain, comme aussi en ce tems-ci vicaire du dit Empire des pays qui suivent les loix saxonnes et des provinces comprises dans le dit vicariat,

[1] Bibl. nat., Armorial général manuscrit dressé en 1696 et années suivantes, Paris, t. I, p. 514, et blasons coloriés, Paris, t. I, p. 548.
[2] Guiffrey, *loc. cit.*, p. 83.
[3] *Almanachs royaux*, liste des chevaliers de Saint-Michel.
[4] Guiffrey, *loc. cit.*, p. 84.

landgrave de Turingue, margrave de Meissen, ainsi que de la Haute et Basse Lusace, burgrave de Magdebourg, comte de Henneberg ayant droit de prince, comte de la Marche, de Ravensberg, de Barby et de Hanau, seigneur de Ravestain, confessons publiquement par cette lettre et notifions à un chacun :

Quoique nous soyons toujours portés, autant pour satisfaire au haut vicariat de l'Empire, dont nous sommes chargés et dans lequel le Tout-Puissant nous a placé, selon sa volonté divine, et en conséquence du très ancien duché et palatinat, comme aussi suivant la teneur de la Bulle d'or, que par un effet de notre bonté et clémence naturelle, de prendre à cœur l'honneur, l'avantage, la prospérité et le bien d'un chacun des fidèles sujets du Saint-Empire, de nos propres sujets, et de ceux de notre électorat et de nos pays, et de contribuer à leur avancement,

Notre penchant royal ne sauroit cependant être que plus touché d'accorder nos faveurs et grâces à ceux qui, nés et vivants dans un état honnête, s'appliquent aux bonnes mœurs et aux vertus de la noblesse et à une conduite y conforme, qui cherchent par leur habileté à se distinguer des autres, et qui, par un zèle et fidélité continuelles, sont attachés avec obéissance au service du Saint-Empire, de nous et de notre Maison Royale et Électorale, et qui en sont dépendants ;

Ayant ainsi gracieusement fait attention, observé et considéré la modestie, la probité, les bonnes et nobles mœurs, la vertu, l'habileté et l'expérience du premier peintre de notre cour et directeur de notre Académie de peinture, Louis Silvestre, non seulement issu de l'honnête famille de Silvestre, sortie d'Écosse et établie depuis en Lorraine et ensuite en France, comme étant fils d'Israël Silvestre, si connu de la cour de feu Sa Majesté le roy de France, Louis quatorze, par plusieurs beaux ouvrages de desseins, de peinture et de gravure, ainsi que pour avoir instruit la Maison Royale de France dans l'art de dessiner, mais qui aussi lui-même, après avoir appris les dites sciences de son père et avoir fini ses utiles voyages, s'est tellement distingué à la cour de France dans la peinture, qu'il a déjà été reçu, l'an 1702, membre de l'Académie royale de peinture à Paris et deux ans après, y a été créé professeur public et qu'ensuite, l'an 1716, par la bonne réputation qu'il s'étoit acquise, il a été appellé icy par feu Sa Majesté le Roy, notre seigneur et père de glorieuse mémoire, pour la place qu'il occupe encore et dans laquelle lui et les siens, qui n'ont pas moins cherché à se rendre habiles dans sa science, ont rendu service, depuis plusieurs années, à nous et à notre Maison Royale et Électorale avec beaucoup d'application et d'habileté, s'offrant très humblement, ainsi que les siens, de nous en rendre de tout leur pouvoir encore à l'avenir, comme il le peut bien faire et il le doit.

C'est pourquoy nous avons, de volonté préméditée, de bon conseil et de science certaine, fait la grâce particulière au dit Louis Silvestre de l'élever, conjointement avec Nicolas-Charles Silvestre, fils unique de feu son frère, François Silvestre, mort à Paris au service du roy de France, à la dignité et au rang de la noblesse et des vrais gentilshommes de naissance et habiles aux fiefs, aux tournois, aux sodalités et aux chevaleries, eux, les descendants de l'un et de l'autre et les descendants des descendants, mâles et femelles, tous sortis de mariage légitime, dès ce tems-ci et à perpétuité, les en avons revêtus et déclarés tels et les avons associés à leur troupe, société et communauté et rendus égaux, et, afin de conserver plus la mémoire de ce que nous les avons ainsi élevés à la dignité de la noblesse, nous avons permis et accordé au dit premier peintre de notre cour Louis Silvestre et à son neveu Nicolas-Charles Silvestre, aux descendants de l'un et de l'autre et aux descendants des descendants, tous sortis de mariage légitime, d'ajouter à leur nom la particule honorable de DE, comme aussi d'avoir et de porter les armes et l'ornement de noblesse suivant, à sçavoir : un écu quarré, arrondi et pointu par le bas, *d'azur à un chevron d'or, accompagné de trois glands de couleur naturelle, au chef cousu de pourpre, à une couronne d'or élevée et fermée d'en haut, doublée de gueules, ornée de pierreries en forme de grandes feuilles, entresemées de perles, portant un globe d'or.* L'écu est timbré d'un heaume de tournois d'acier bleuâtre, couronné et ouvert, doublé de gueules et doré aux ornemens; les lambrequins à la droite de pourpre et or et à la gauche d'azur et or. De la couronne, dont est sommé le casque, sort un demy-vol d'aigle d'argent déployé.

Nous les élevons, revêtons et plaçons ainsi, par la présente, en vertu du pouvoir absolu du vicariat de l'Empire dont nous sommes revêtu, au rang de la noblesse...

Sur quoy, en vertu du vicariat de l'Empire dont nous sommes chargé, nous ordonnons par cette lettre sérieusement à tous et chacun des électeurs, des princes ecclésiastiques et séculiers, des prélats, des comtes, des barons, des seigneurs... et voulons qu'ils reçoivent et admettent à perpétuité le dit Louis de Silvestre, son neveu Nicolas-Charles de Silvestre... comme d'autres vrais nobles de naissance... qu'ils les en revêtent et honorent, qu'en tout le susdit ils ne les troublent ni ne leur soient contraires, mais leur en laissent jouir et s'y conserver tranquillement et entièrement, sans obstacle, qu'ils ne fassent rien qui y soit contraire, ni permettent que d'autres les fassent en aucune façon ou manière, autant qu'il peut être cher à chacun d'éviter la griève disgrâce et punition de l'Empire et la nôtre, et en outre une amende de cinquante marcs d'or pur, laquelle chacun sera obligé de payer sans faute et aussi souvent qu'il contreviendra au susdit témérairement, à moitié à la Chambre de l'Empire et à moitié au susdit Louis de Silvestre, à son neveu Charles de Silvestre, à leurs descendants et aux descendants des descendants, sortis de mariage légitime, qui en auront été offensés, sauf le droit de ceux qui auroient les mêmes armoiries que celles qui sont exprimées ci-dessus.

En foy de quoy nous avons signé de notre main cette lettre et l'avons fait corroborer en y attachant le grand sceau du vicariat de l'Empire.

Fait et donné à la ville de Dresde, notre résidence, le dixième jour du mois de juillet après la naissance de Jésus-Christ, notre unique Sauveur et Rédempteur, l'an mil sept cent quarante et un.

Signé : AUGUSTE ROI, et plus bas : HENRY, comte DE BRUHL, et encore plus bas : GEORGE LEBRECHT WILCKE.

Nous Rolland, comte Desalleurs, chevalier de l'ordre royal et militaire de St-Louis, envoyé extraordinaire de Sa Majesté très chrétienne auprès du roi de Pologne,

Certifions et attestons à tous ceux qu'il appartiendra que la présente copie est fidèle et conforme à l'original en parchemin et qu'en tout et partout foy doit y être ajoutée comme à l'original. En foy de quoy, nous avons signé le présent de notre main et à celui fait apposer le sceau ordinaire de nos armes.

Donné à Dresde, le vingt-sept mars mil sept cent quarante-trois.

Signé : le comte DESALLEURS, et plus bas : Par Monsieur, BOUTET, et scellé en cire rouge du cachet des armes du dit comte Desalleurs.

(Bibl. nat., Nouveau d'Hozier, dossier Silvestre, fol. 2-4 ; copie faite sur la traduction certifiée. D'Hozier de Sérigny a vu en 1775 cette traduction, et en 1780 l'original en allemand. — Une autre copie, *ibidem*, fol. 5-9.)

Lettres de noblesse pour Jacques-Augustin Silvestre (1775).

Louis... Il n'est point de prix plus flatteur pour la vertu, ni de signe plus éclatant de la magnificence royale que l'annoblissement. Cette récompense annonce la grandeur et la majesté du souverain dont elle émane, elle fait également l'éloge du sujet qui a mérité d'en être décoré. Comme elle a pour but, non seulement d'exciter le zèle et l'émulation de tous ceux que l'honneur anime, mais encore de transmettre ces sentiments à la postérité, elle doit par cette raison être préférablement décernée aux citoyens qui ont bien mérité de la Patrie, et qui, par un zèle et une étude infatigables y ont poussé les arts à un haut degré de perfection, seul moyen de les faire fleurir dans un État et d'augmenter sa splendeur. C'est ainsi que nous nous proposons de témoigner à notre cher et bien amé Jacques-Augustin Silvestre, maître à dessiner des Enfans de France et premier valet de garde-robe de notre très cher et très amé frère Louis-Stanislas-

Xavier, Monsieur, l'estime particulière dont nous l'honnorons et encore pour reconnoître les services de sa famille, qui a toujours bien mérité de nous et de nos prédécesseurs, et qui s'est toujours très distinguée dans l'art de la peinture, où plusieurs d'entr'eux ont acquis la plus haute célébrité. Cette famille, originaire d'Écosse, où elle jouissoit d'un rang honnorable, s'est divisée en deux branches, l'une s'est établie dans nos États, l'autre en Allemagne. Gilles Silvestre passa d'Écosse en Lorraine, vers le commencement du dernier siècle, et y devint le premier peintre du duc de Lorraine, Charles second. Silvestre [1], son fils, né à Nancy, le quinze aoust mil six cent vingt-un, vint se fixer à Paris, où il fut bientôt distingué par la célébrité de son talent, dans lequel il a été inventeur et original. Il fit ensuite deux voyages à Rome et en rapporta ce grand nombre de vues d'Italie, dont tous les curieux de l'Europe ont orné leurs cabinets. Le roy Louis XIV, de glorieuse mémoire, juste appréciateur des talents, reconnoissant sa rare capacité, l'employa pour dessiner et graver toutes ses maisons royales, les places conquises et autres ouvrages de ce genre, qui sont aujourd'hui déposés dans notre Bibliothèque, le gratifia de pensions considérables, d'un logement dans notre château du Louvre, et, pour honnorer son talent, le nomma maître à dessiner des Enfans de France, place qui depuis est dans sa famille et qui a passé après lui à son fils [2], ensuite à Nicolas-Charles Silvestre, son petit-fils, père du dit Sr Jacques-Augustin Silvestre, qui l'a exercé avec le même succès, à notre très grande satisfaction, tant auprès du feu Dauphin, notre très honoré père, que près de notre personne, de celles de nos très chers et très amés frères et des autres princes et princesses de la famille royale. Louis Silvestre, autre fils d'Israël, passa en Pologne, avec l'agrément du Roy, qui luy permit d'y accepter la place de premier peintre et directeur de l'Académie. Il y fut accueilly par le souverain, qui fut tellement satisfait de ses services que, pour lui donner des preuves distinguées de son estime, il luy accorda en sa qualité de vicaire de l'Empire des lettres de noblesse, données à Dresde le dix juillet mil sept cent quarante-un, dans lesquelles il rappella Nicolas-Charles Silvestre, son neveu, cy-dessus nommé, et les rendit communes avec lui. Nous, désirant traiter aussi favorablement Jacques-Augustin Silvestre et lui faire recueillir le fruit d'une grâce si bien méritée et accordée à ses auteurs à si juste titre, nous avons résolu de lui accorder des titres de noblesse.

[1] *En marge on lit :* « On a omis dans cet endroit de l'original le mot *Israël*, suivant l'explication qu'en a donné M. Silvestre, qui a obtenu les présentes lettres. »

[2] *En marge on lit :* « Ce fils est Charles-François Silvestre à qui on donna des armes, lors de l'édit bursal des armoiries du mois de novembre 1696. »

A ces causes... nous avons annobli et... annoblissons le dit S⁽ʳ⁾ Jacques-Augustin Silvestre...

Donné à Fontainebleau, au mois d'octobre, l'an de grâce mil sept cent soixante-quinze et de notre règne le deuxième. Signé : Louis, et sur le reply : Par le Roy, DE LAMOIGNON.

(Bibl. nat., *Nouveau d'Hozier*, dossier Silvestre, fol. 11 et 12 ; copie.)

Lettre de Jacques-Augustin Silvestre à d'Hozier de Sérigny.

De Paris, ce 22 8bre 1775.

Pardon, Monsieur, si deux fois en un jour je vous importune de ma personne et une fois de mes écrits ; je crains de désobliger ma famille en ne prenant pas précisément les armes que mon père a adopté. Faite-moy donc la grâce de suspendre jusqu'à mardy ou mercredy que j'espère recevoir des nouvelles de Fontainebleau. J'aurai l'honneur de vous les porter et vous aurez la bonté de me conseiller sur ce qu'il y aura à faire de plus convenable.

J'ai l'honneur d'être avec la plus parfaite considération, Monsieur, votre très humble et très obéissant serviteur, SILVESTRE.

Au bas de cette lettre autographe se lit une note d'A.-M. d'Hozier de Sérigny ainsi conçue : « Le Roy vient de l'annoblir et l'a nommé, le 23 du mois de septembre dernier, chevalier de l'ordre de Saint-Michel. D'H. DE SÉR. 1775. »

(Bibl. nat., *Nouv. d'Hozier*, dossier Silvestre, fol. 10 ; original.)

Règlement d'armoiries pour Jacques-Augustin Silvestre (1775).

Règlement d'armoiries par Antoine-Marie d'Hozier de Sérigny, juge d'armes de la noblesse de France, pour le S⁽ʳ⁾ Jacques-Augustin Silvestre. Paris, 23 octobre 1775.

Un écu *d'azur à un chevron d'or, accompagné de trois glands au naturel, tigés et feuillés d'or, et posés deux en chef et l'autre en pointe, et un chef de pourpre chargé d'une couronne aussi d'or, élevée et fermée en haut, doublée de gueules et ornée de pierreries en forme de grandes feuilles, entresemées de perles, portant un globe d'or. Le dit écu timbré d'un casque de profil, orné de ses lambrequins d'azur, d'or, de gueules et de pourpre.*

(Bibl. nat., *Nouv. d'Hozier*, dossier Silvestre, fol. 13 ; minute signée.)

Lettres de noblesse pour François-Charles Silvestre (1780).

Louis... La protection dont à l'exemple des Rois, nos prédécesseurs, nous honorons les arts nous détermine à répandre sur ceux de nos sujets, qui ont acquis de la célébrité, nos grâces et nos bienfaits, en les élevant aux honneurs de la noblesse. La famille Silvestre est une des familles de notre royaume, qui se soit le plus singulièrement distinguée, depuis plus d'un siècle dans l'art du dessin et de la peinture. En effet, Israël Silvestre fut choisi par le feu roi Louis quatorze pour dessiner et graver toutes ses maisons royales et les places qu'il avoit conquises. Il le nomma ensuite son dessinateur et maître à dessiner de M. le Dauphin, son fils. Mort en seize cent quatre-vingt-onze, il laissa deux fils qui succédèrent à ses talents. Le premier, nommé François Silvestre, fut nommé maître à dessiner des Enfants de France. Il eut un fils, nommé Nicolas-Charles, qui remplit la même place et elle est encore actuellement occupée par Jacques-Augustin Silvestre, fils de ce dernier, dont nous avons cru devoir récompenser le zèle et son attachement auprès de notre personne et de celles de nos très chers et très amés frères, Monsieur et M. le comte d'Artois, en lui accordant en mil sept cent soixante-quinze des lettres de noblesse, et en le nommant chevalier de notre ordre de Saint-Michel. Le second fils d'Israël Silvestre, nommé Louis, exerça l'art de la peinture. Il fut d'abord peintre du roi Louis quatorze et il le devint ensuite du feu Roi, notre très honoré seigneur et ayeul, qui lui accorda, en mil sept cent seize, son agrément pour passer à Dresde, où le feu roi de Pologne, électeur de Saxe, Auguste second, l'avait appellé. Ce prince le nomma d'abord son premier peintre et son fils successeur, Auguste trois, le continua dans cette qualité et le choisit en outre pour être directeur de son Académie de peinture et sculpture à Dresde. Ce prince, voulant lui laisser des preuves éclatantes de la satisfaction qu'il avoit de ses services, lui accorda, en mil sept cent quarante-un, des lettres de noblesse, ainsi qu'à Nicolas-Charles Silvestre, son neveu, père du dit Sr Silvestre que nous avons annobli en mil sept cent soixante-quinze. Il revint dans notre royaume, en mil sept cent quarante-sept, où le feu Roi notre prédécesseur le nomma directeur de notre Académie de peinture et de sculpture ; mais il laissa à Dresde le Sr François-Charles Silvestre, son fils, qui y resta chargé pendant dix années de l'Académie de peinture et de sculpture de cette ville. De retour dans nos États, en mil sept cent cinquante-sept, nous avons depuis eu lieu de le distinguer des artistes célèbres, qui composent notre dite Académie de peinture et de sculpture, et, sur les rapports qui nous ont été faits de ses talents, de ses mœurs, nous avons pensé qu'il étoit de notre justice de lui donner une preuve éclatante de la satisfaction que nous avons de son zèle pour le progrès des Arts et de son attachement, comme de celui de toute sa famille, pour notre personne en lui accordant des lettres de noblesse.

A ces causes, nous avons... annobli et... annoblissons le dit Sr François-Charles Silvestre...

Donné à Versailles, au mois de janvier, l'an de grace mil sept cent quatre-vingt, et de notre règne le cinquième [1]. Signé : Louis, et plus bas : Par le Roi, Amelot [2].

(Bibl. nat., Nouv. d'Hozier, dossier Silvestre, fol. 14 et 15; copie.)

Règlement d'armoiries pour François-Charles Silvestre (1780).

Règlement d'armoiries par Antoine-Marie d'Hozier de Sérigny pour le Sr François-Charles Silvestre, ci-devant chargé de l'Académie de peinture et de sculpture de la ville de Dresde. Paris, 11 février 1780.

Un écu *d'azur au chevron d'or, accompagné de trois glands au naturel* [3], *posés deux en chef et l'autre en pointe, et un chef de pourpre chargé d'une couronne d'or, élevée et fermée en haut, doublée de gueules, ornée de pierreries en forme de grandes feuilles, entresemées de perles, portant un globe d'or.* Le dit écu timbré d'un casque [4], orné de ses lambrequins d'azur, d'or, de gueules et de pourpre, sommé d'une couronne d'or, d'où sort un demi-vol d'aigle d'argent. Le tout conformément aux armoiries expliquées dans les lettres de noblesse accordées le 10 juillet 1741 par le roi de Pologne, Auguste III, à Louis Silvestre, son premier peintre et directeur de son Académie de peinture à Dresde, père du dit Sr François-Charles.

(Bibl. nat., Nouveau d'Hozier, dossier Silvestre, fol. 16; minute signée.)

XCII et XCIII

Van Loo (Louis-Michel)
(Novembre 1747)

et Van Loo (Charles-André, dit Carle)
(Février 1750)

Nous ne ferons pas ici la généalogie de la famille Van Loo, au sujet de laquelle on trouvera dans les documents qui suivent

---

[1] *En marge :* « Ainsi dans l'original, erreur, c'est sixième. »
[2] *En marge de cette copie, fol. 14, on lit la note suivante de la main d'Ant.-M. d'Hozier de Sérigny :* « Le fils du dit François-Charles Silvestre a dit, dans mon bureau, en février 1780, que ces lettres de noblesse avoient été accordées le 6 janvier précédent, qu'il en auroit un certificat de M. Amelot, secrétaire d'État, et que son père annobli étoit mort le lendemain 7 du dit mois de janvier. D'H. de Sér., 1780. »
[3] Les mots : *tigés et feuillés de sinople* ont été effacés.
[4] Les mots : *de profil* ont été effacés; mais une note de la main d'Ant.-M. d'Hozier de Sérigny porte : « Quoique les mots *de profil* soient icy effacés, le casque n'en a pas moins été peint de profil, soit au milieu des ettres de noblesse, soit au milieu de mon règlement d'armoiries. »

quelques renseignements nouveaux ; il suffira d'indiquer brièvement le rôle des deux peintres qui nous intéressent et de montrer les liens qui les unissaient [1].

Abraham-Louis, dit Louis, Van Loo, fils de Jacob, dit Jacques, peintre ordinaire du Roi en son Académie de peinture et de sculpture, eut de Marie Fossé qu'il avait épousée à Aix, le 25 janvier 1683, entre autres enfants : Jean-Baptiste et Charles-André, dit Carle. Le premier, Jean-Baptiste, né à Aix le 11 janvier 1684, décéda dans la même ville le 20 novembre 1745. Il avait épousé à Toulon, le 17 mai 1706, Marguerite Brun ou Le Brun, née dans cette ville le 4 septembre 1687, fille de Michel, avocat, et de Françoise Baran. De ce mariage naquit à Toulon, le 2 mars 1707, Louis-Michel Van Loo [2].

Louis-Michel fut recteur de l'Académie de peinture et de sculpture de Paris et directeur des élèves protégés par le roi de France. Le Roi l'avait autorisé à se rendre à Madrid, où il eut le titre de premier peintre du roi d'Espagne. Rentré en France, il décéda célibataire le 20 mars 1771 [3]. En 1747, il obtint de Louis XIV les lettres de confirmation de noblesse et d'anoblissement en tant que besoin, qu'on lira plus bas. L'année suivante, il fut reçu chevalier de Saint-Michel [4].

Le second fils d'Abraham-Louis dont nous ayons à nous occuper est Charles-André, plus connu sous le nom de Carle. Il naquit à Nice le 15 février 1705, et mourut à Paris le 15 juillet 1765 ; il était alors premier peintre du Roi, directeur de l'Académie royale de peinture et directeur de l'École royale des élèves protégés. Il avait été anobli, quelques années après son neveu Louis-Michel, par lettres du mois de février 1750. En 1751, il reçut le collier de Saint-Michel ; son éloge fut prononcé par

---

[1] Cf. notamment JAL, *op. cit.*, p. 797-798 ; Ch. GINOUX, *Liste chronologique des peintres du nom de Van Loo*, dans *Nouvelles Archives de l'art français*, 3ᵉ série, t. VI, *Revue*, 7ᵉ année, 1890, p. 257-258 ; MARIETTE, *op. cit.*, t. V, p. 380-387.

[2] Voir son acte de baptême publié par L. LAGRANGE, dans les *Anciennes Archives de l'art français*, t. VI, p. 178, et par M. Ch. GINOUX dans les *Nouvelles Archives de l'art français*, 3ᵉ série, t. VI, *Revue*, 7ᵉ année, 1890, p. 217.

[3] JAL, *op. cit.*, p. 797 ; HERLUISON, *op. cit.*, p. 263 ; PIOT, *op. cit.*, p. 124-125.

[4] *Almanachs royaux*, liste des chevaliers de Saint-Michel.

Roy, secrétaire de l'ordre, au chapitre tenu le 8 mai [1]. Carle épousa à Turin, en l'église Saint-Eusèbe, le 28 janvier 1733 [2] (contrat du 17), Anne-Marie-Christine de Somis, fille de Laurent de Somis, née le 14 août 1704 et baptisée à Saint-Eusèbe de Turin le 17 [3]. Quatre enfants de Carle Van Loo sont cités dans l'inventaire dressé après son décès, le 24 juillet 1765 [4] :

1. Jean-François Van Loo, écuyer, majeur; Jal a raconté [5] les ennuis que sa conduite causa à son père;

2. Rosalie Van Loo, décédée; elle avait épousé Benoît Bron, intéressé dans les postes, dont elle avait eu deux filles qui vivaient en 1765;

3. Charles Van Loo, écuyer, mineur; il décéda aux galeries du Louvre le 24 mai 1769, âgé d'environ vingt-sept ans, sans avoir été marié [6];

4. Jules-César-Denis Van Loo, écuyer, mineur. Il était né le 20 mai 1743 et avait été baptisé à Saint-Sulpice de Paris le même jour [7]. Il est connu comme peintre de paysages. Il mourut le 1ᵉʳ juillet 1821, veuf de Thérèse-Constance Saint-Marin Monajoli [8].

Les deux enfants mineurs Charles et César avaient comme subrogé tuteur leur cousin germain Louis-Michel Van Loo, premier peintre du roi d'Espagne.

Certificat de noblesse pour les familles Van Loo, Fosée, etc.

Certificat de Jean-Alphonse de Guerra (*sic*) et Sandoval, « grand chronologiste, le plus ancien et principal roy d'armes du roy Ferdinand VI

---

[1] Cf. ce texte dans *Documents concernant divers artistes membres de l'ordre de Saint-Michel, loc. cit.*, p. 465-466, n° 1. — Voir une note sur l'anoblissement de Carle Van Loo et sur le cordon de Saint-Michel (6 février 1750) publiée par M. GUIFFREY, *op. cit.*, I, p. 37.

[2] Cf. cet acte publié par le Mⁱˢ DE GRANGES DE SURGÈRES, *Artistes français des dix-septième et dix-huitième siècles; Extraits des comptes des États de Bretagne*, p. 133.

[3] Acte de baptême publié par M. J.-J. GUIFFREY, dans *Bulletin de la Société de l'histoire de l'art français*, n° d'octobre 1876, p. 86.

[4] Cf. Mⁱˢ DE GRANGES DE SURGÈRES, *op. cit.*, p. 133-134, analyse de l'inventaire.

[5] *Op. cit.*, p. 797.

[6] Acte publié par PIOT, *op. cit.*, p. 124, et par le Mⁱˢ DE GRANGES DE SURGÈRES, *op. cit.*, p. 134-135.

[7] Voir son acte de baptême publié par M. J.-J. GUIFFREY, *op. cit.*, p. 86.

[8] HERLUISON, *op. cit.*, p. 262-263; PIOT, *op. cit.*, p. 125, qui le dit veuf de Thérèse-Constance Sainte-Marie Manajoli.

(que Dieu ait en garde) en tous ses royaumes, domaines et seigneuries et le principal de l'ordre sacré de la Religion de Saint-Jean et des ordres militaires de Saint-Jacques, Calatrava et Alcantara, régisseur perpétuel et doyen de la ville impériale de Tolède en l'état et banc de chevaleries », sur les familles Van Loo, Fosée, Lichterveld et Le Brun. Madrid, 28 juillet 1747.

(Bibl. nat., Nouv. d'Hozier, dossier Vanloo, fol. 6-13; copie. — Nous nous contentons d'analyser cette pièce; voir les lettres suivantes où les énonciations de ce certificat sont reproduites.)

Lettres de confirmation de noblesse pour Louis-Michel Vanloo (1747).

Louis, par la grâce de Dieu roy de France et de Navarre, à tous présens et à venir salut. Notre amé et féal Louis-Michel Vanloo, premier peintre de notre très cher et bien amé, bon frère et oncle, le roy d'Espagne, nous a fait représenter que désirant d'être honoré du titre de chevalier de notre ordre de Saint-Michel et d'en porter les marques, et que, ne pouvant être décoré de cette distinction, sans faire les preuves de noblesse requises par les statuts du dit ordre, il a représenté devant Jean-Alphonse de Guerta (*sic*) et Sandoval, chevalier de l'ordre de Saint-Jacques, grand généalogiste, le plus ancien et principal roy d'armes de notre dit frère et oncle, et le principal de l'ordre sacré de la religion de Saint-Jean et des ordres militaires de Saint-Jacques, Calatrava et Alcantara, régisseur perpétuel et doyen de la ville impériale de Tolède en l'état et banc de chevalerie, les titres, les histoires et monumens historiques, qui pouvoient établir son extraction noble et illustre; qu'il en résulte qu'en l'année 1300, Charles Vanloo, qui vivoit en la province de Hollande, où existoit sa resplendissante maison et famille, étoit dans le nombre des nobles et loyaux vassaux qui restoient affectionnés aux catholiques, qu'il eut pour fils Jean Vanloo, qui fut chevalier, seigneur de Bormicelly, près de la ville d'Ypres, duquel descendirent Jacques, Marguerite et Riquelme Vanloo et autres chevaliers et seigneurs de Bormicelly et que Marguerite épousa Victor de Lichterveld, chevalier, seigneur d'Estade, que de cette maison est issu Jacques Vanloo [1], qui eut pour fils légitime Louis Vanloo, qui quitta la Hollande, lieu de la naissance et de l'établissement de sa mère, et préféra la France, à cause de la religion catholique dont il faisoit profession et qu'il se fit naturaliser françois en 1667, se maria ensuite à Aix en Provence avec d[lle] Marie Fosée, duquel mariage naquit entre autres enfans Jean-Baptiste Vanloo, lequel se maria à Toulon avec d[lle] Mar-

---

[1] Jacob, dit Jacques Van Loo, était protestant (Cf. JAL, *op. cit.*, p. 796-797; HERLUISON, *op. cit.*, p. 260-261; PIOT, *op. cit.*, p. 124).

guerite Le Brun, fille du Sr Le Brun, avocat[1], et eut de ce mariage l'exposant, qui s'est appliqué à la peinture avec des succès qui ont fait honneur à notre Royaume, où ses ouvrages sont connus et admirés. Les avantages de sa naissance joints à ses talens et à l'usage qu'il en fait pour notre dit frère et oncle nous ont déterminé à suppléer aux titres qui luy manquent pour constater son état noble et à luy accorder, par des lettres de confirmation et d'annoblissement en tant que besoin, des honneurs et prérogatives, qui, en se perpétuant dans ses descendans, soient aussy durables que doivent l'être le souvenir de ces talens.

A ces causes... maintenons et confirmons le dit Sr Louis-Michel Vanloo dans la noblesse de ses ancêtres et en tant que besoin l'avons de nouveau annobly et annoblissons...

Donné à Fontainebleau, au mois de novembre, l'an de grâce mil sept cent quarante-sept et de notre règne le trente-deuxième. Signé : LOUIS, et plus bas : Par le Roy, PHELYPEAUX.

(Bibl. nat., Nouveau d'Hozier, dossier Vanloo, fol. 4 et 5; copie.)

Règlement d'armoiries pour Louis-Michel Vanloo (1747).

Règlement d'armoiries par Louis-Pierre d'Hozier, juge d'armes de France, pour Louis-Michel Vanloo, premier peintre du roi d'Espagne, maintenu et confirmé dans sa noblesse et anobli en tant que besoin par lettres du Roi données à Fontainebleau, au mois de novembre 1747. Paris, 7 novembre 1747.

Un écu *écartelé : au premier, de gueules à neuf bezans d'or, posés trois, trois et trois*, qui est de Vanloo; *au deux, d'azur, à trois fasces d'argent, bordées d'or*, qui est de Fosée; *au troisième, d'argent, à six mouchetures d'hermines de sable, posées deux, deux et deux, parti d'azur à une colombe d'argent volante, becquée et membrée de gueules*, qui est de Lichtervelde; *au quatrième, d'azur, à un chevron de gueules, accompagné en chef de deux étoiles d'or à huit rais, et en pointe d'une fleur de lis d'argent*, qui est de Le Brun. Cet écu timbré d'un casque de trois quarts, orné de ses lambrequins d'azur, d'or, de gueules, d'argent et de sable [2].

(Bibl. nat., Nouveau d'Hozier, dossier Vanloo, fol. 2; minute signée.)

---

[1] Le 17 mai 1706. Marguerite était fille de Michel Brun ou Le Brun, avocat, et de Françoise Baran ; l'acte a été publié par M. Ch. GINOUX, dans *Nouvelles Archives de l'art français*, 3e série, t. IV, *Revue*, 5e année, 1888, p. 260-261.

[2] Comparer ces armoiries avec celles des diverses familles du nom de Van Loo citées par RIETSTAP, *op. cit.*, 2e édition, t. II, p. 95 et 1274.

Règlement d'armoiries pour Charles-André Vanloo (1750).

Règlement d'armoiries par le même pour Charles-André Vanloo, peintre et gouverneur des élèves que Sa Majesté protège pour le progrès de la peinture et de la sculpture dans son royaume, maintenu et confirmé dans sa noblesse et anobli en tant que besoin par lettres du Roi données à Versailles, au mois de février 1750. Paris, 28 février 1750.

Les armoiries sont les mêmes que ci-dessus, sauf que le quatrième quartier est pareil au premier. Le timbre est le même.

(Bibl. nat., Nouveau d'Hozier, dossier Vanloo, fol. 3; minute signée.)

XCIV

Colin de Blamont (François)

(1751)

Il était fils d'un musicien du Roi et frère du peintre Hyacinthe Colin de Vermont; il naquit à Versailles le 22 novembre 1690 et mourut le 14 février 1760 [1]. Il fut surintendant de la musique du Roi. Nous n'avons pas trouvé ses lettres d'anoblissement; mais nous savons qu'en 1751 Louis XIV le nomma chevalier de Saint-Michel [2]; l'éloge de François de Blamont fut prononcé au chapitre de l'ordre tenu le 8 mai [3]. Le 17 février 1761, aux obsèques de son frère, H. de Vermont, adjoint à recteur de l'Académie royale de peinture et de sculpture, était présent Bernard de Bury, surintendant de la musique du Roi, neveu du défunt [4].

XCV

Natoire (Charles-Joseph)

(Avril 1753)

Natoire naquit le 3 mars 1700 et fut baptisé le 8 à Saint-Castor de Nîmes; il était fils de Florent Natoire, qui exerçait dans cette

---

[1] Cf. Fétis, *Biographie des musiciens*, 2ᵉ édition, t. I, p. 433, et Riemann, *Dictionnaire de musique*, traduit sur la 4ᵉ édition par G. Humbert, p. 84.

[2] *Almanachs royaux*, liste des chevaliers de Saint-Michel.

[3] Voir ce texte dans *Documents concernant divers artistes membres de l'ordre de Saint-Michel*, loc. cit., p. 466-467, n° III.

[4] Jal, *op. cit.*, p. 1255; Herluison, *op. cit.*, p. 86; Piot, *op. cit.*, p. 27. — Cf., sur B. de Bury, Fétis, *op. cit.*, t. II, p. 123.

ville la profession de sculpteur, et de Catherine Mauric, fille de Philippe, aussi sculpteur à Nîmes [1]. Artiste éminent, Natoire fut nommé, en 1751, pour remplacer de Troy dans la direction de l'Académie de France à Rome, charge qu'il remplit jusqu'en 1775 [2]; à cette date, il resta en Italie et mourut, le 29 août 1777, à Castel-Gandolfo, près de Rome. Il ne laissait pas d'enfants et ses héritiers furent ses frères, ses sœurs et des neveux [3].

Natoire avait été anobli par des lettres du mois d'avril 1753, dont on trouvera ci-dessous l'analyse. En 1775, il fut admis dans l'ordre de Saint-Michel; mais, n'étant pas rentré en France depuis son admission, il ne se fit jamais recevoir [4]. On peut lire dans la *Correspondance des directeurs de l'Académie de France* des lettres relatives à l'anoblissement et à l'admission dans l'ordre de Saint-Michel de Natoire, qui trouvait fort élevés les frais d'enregistrement : « La place que j'occupe, écrit-il à M. de Marigny, exige cette décoration; mais si le pauvre directeur est obligé de mettre son cordon au mont-de-piété pour acquitter les frès, que devient le nouveau chevalier? [5] » M. Guiffrey a publié une *Enquête de noblesse faite pour le peintre Charles Natoire* (21 février 1755) à l'occasion de sa nomination comme chevalier de Saint-Michel [6].

Preuves de Charles-Joseph Natoire pour l'ordre de Saint-Michel.

Extrait des titres produits par Charles Natoire, escuier, professeur de l'Académie de peinture et de sculpture du Roy et directeur de son Académie de peinture à Rome, nommé par Sa Majesté chevalier de son ordre de Saint-Michel, pour les preuves de sa noblesse et de ses âge et religion.

---

[1] Voir ci-dessous dans les preuves l'acte de baptême. Cf. également GUIFFREY, dans *Bulletin de la Société de l'histoire de l'art français*, n° d'octobre 1876, p. 74-79, et A. DE MONTAIGLON et GUIFFREY, *op. cit.*, t. X, p. 310.

[2] Cf. A. DE MONTAIGLON et GUIFFREY, *op. cit.*, t. X, XI, XII et XIII.

[3] GUIFFREY, dans *Bulletin*, *loc. cit.*

[4] *Almanachs royaux*, liste des membres de l'Ordre de Saint-Michel.

[5] Tome XI, p. 66; cf. p. 56, 75, 80, 82, 84, etc.; voir aussi Anciennes *Archives de l'art français*, t. III, *Documents*, t. II, p. 282-296.

[6] *Nouvelles Archives de l'art français*, 2ᵉ série, t. II, 8ᵉ vol. de la collection, 1881-1882, p. 322-327.

Devant haut et puissant seigneur Messire Daniel-François, comte de Gelas de Voisins d'Ambres, vicomte de Lautrec, apellé le comte de Lautrec, chevalier et commandeur des Ordres du Roy, lieutenant général des armées de Sa Majesté et en la province de Guienne, gouverneur des ville et prévosté du Quesnoy, cy-devant ambassadeur extraordinaire auprès de l'empereur Charles VII, commissaire député pour la vérification de ces preuves par lettres patentes du 21 juin 1755.

Lettres patentes du Roy, chef et souverain grand maître des ordres de Saint-Michel et du Saint-Esprit, adressées à son très cher et bien amé cousin le duc de Nivernois, pair de France, et à son cher et bien amé le comte de Lautrec, lieutenant général de ses armées, chevaliers de ses Ordres, commissaires des mêmes Ordres pour la présente année, l'un en l'absence ou au défaut de l'autre, etc., portant que Sa Majesté voulant donner à son bien amé Charles Natoire, professeur de son Académie de peinture et sculpture et directeur de son Académie de peinture à Rome, des marques de la satisfaction qu'Elle a de ses services, Elle lui a accordé au mois d'avril 1753 des lettres d'annoblissement; mais que, désirant toujours protéger les Arts et récompenser ceux qui s'y sont supérieurement distingués, Elle a résolu de l'honorer de la croix de Saint-Michel et le dispenser, par ces considérations, de la preuve de deux races d'extraction de noblesse, qu'il seroit obligé de faire aux termes de l'article IV des statuts de son dit ordre de Saint-Michel du 12 janvier 1665; à ces causes Sa Majesté les a commis, l'un en l'absence de l'autre, pour examiner sur le rapport du Sr Clairambault, généalogiste de ses Ordres, les titres qui lui auront été remis par le dit Sr Natoire tant de son âge, religion catholique, apostolique et Romaine, que de son annoblissement, en sa personne seulement, etc., et que, s'ils les trouvent suffisans pour être admis, ils en signeront le procès-verbal, avec le dit Sr Clairambault, et le scelleront du cachet de leurs armes, et ils indiqueront au dit Sr Natoire le jour auquel ils recevront de lui le serment en tel cas requis et lui donneront la croix du dit ordre, en observant ce qui est porté par l'instruction qui leur est adressée à cet effet. Ces lettres données à Versailles, le 21 juin 1755, signées : Louis, et plus bas : Par le Roy, chef et souverain grand maître des ordres de Saint-Michel et du Saint-Esprit, PHELYPEAUX, à costé : Visa, ARNAULD DE POMPONNE, et scellées du sceau et contresceau de l'ordre de Saint-Michel en cire blanche.

Instruction du Roi à M^{rs} les duc de Nivernois et comte de Lautrec, chevaliers-commandeurs de ses Ordres, sur ce qu'ils auront à faire pour l'examen des preuves du Sr Natoire, portant que, si l'un d'eux commissaires des dits Ordres pour la présente année les trouve suffisantes, suivant leur commission à ce sujet, qui le dispense de deux degrez d'extraction de noblesse ordonnés par les statuts de l'ordre de Saint-Michel, ils en signeront le procès-verbal avec le S⁰ Clairambault, généalogiste des Ordres, qui lui en aura fait rapport, déclarera au dit S⁰ Natoire que son association dans l'ordre se fera à la plus prochaine assemblée des chevaliers du même ordre de Saint-Michel, qui se tiendra suivant l'usage dans le grand couvent des Cordeliers de Paris, et qu'il ait attention de s'y trouver; que, ce temps avenu, il lui fera prester le serment, qui lui aura été présenté par l'huissier des Ordres; ensuite, aidé du héraut des Ordres, lui passera le cordon noir et la croix de l'ordre de Saint-Michel, etc., et que le serment et les deux procès-verbaux des preuves de noblesse, avec l'acte de réception, seront remis par le dit huissier des Ordres, celui en parchemin au S⁰ comte de Saint-Florentin, commandeur-secrétaire des dits Ordres, et celui en papier au dit S⁰ Clairambault, généalogiste des mêmes Ordres. Cette instruction dattée de Versailles, le 21ᵉ juin 1755, signée : Louis, et plus bas : Phelypeaux.

Lettre du Roy à Mʳ le comte de Lautrec, lieutenant général de ses armées et chevalier de ses Ordres, Sa Majesté lui mandant qu'ayant résolu de faire chevalier de son ordre de Saint-Michel le S⁰ Natoire, en considération de ses services, Elle l'a nommé pour faire la cérémonie de son association et qu'il recevra à cet effet la commission et l'instruction qu'Elle lui a fait expédier, ensemble la lettre qu'Elle écrit sur ce sujet au dit S⁰ Natoire, auquel il aura soin de la faire rendre. Cette lettre dattée de Versailles, le 21 juin 1755, signée : Louis, et plus bas : Phelypeaux.

Lettre du Roy à M. Natoire, directeur de son Académie à Rome, auquel Sa Majesté marque que, voulant lui témoigner la satisfaction qu'Elle a de ses services, Elle l'a nommé pour être receu chevalier de son ordre de Saint-Michel, en satisfaisant à ce qui est requis par les statuts, dont il sera informé par le comte de Lautrec, chevalier-commandeur de ses Ordres, qui lui fera rendre cette lettre, se promettant que l'honneur qu'Elle veut bien lui faire l'engagera à lui continuer ses services avec zèle et affection, dattée de Versailles, le 21 juin 1755, signée : Louis, et plus bas : Phelypeaux.

Lettres patentes d'annoblissement accordées par le Roy à son cher et bien amé Charles Natoire, professeur de son Académie de peinture et sculpture et directeur de son Académie de peinture à Rome, pour lui, ses enfans et postérité, nés et à naître en légitime mariage, Sa Majesté ne pouvant ignorer avec quel succès il a travaillé sans relâche à orner ses maisons royales et ses ouvrages faisant depuis longtemps l'admiration des étrangers et des plus habiles peintres de son royaume, Elle lui a confié la direction de son Académie à Rome, dont l'ancien établissement, qui sert à encourager les jeunes gens par la distinction attachée aux élèves qu'on y envoye, annonce en même temps, par les soins que Sa Majesté prend de le conserver, combien Elle désire l'entretien de tout ce qui peut concourir à faire fleurir les beaux-arts dans son royaume, avec faculté de porter pour armes : *d'or à une fasce de gueules, chargée de trois écussons d'argent et accompagnée de trois roses d'azur, posées deux en chef et l'autre en pointe.* Ces lettres données à Versailles, au mois d'avril 1753, signées : Louis, et sur le reply : Par le Roy, Phelypeaux ; à costé : Visa Machault ; et scellées sur lacs de soye rouge et verte du grand sceau en cire verte ; registrées au Parlement, le 23 janvier 1755, signé : Ysabeau, et à la cour des Aides à Paris, le 26 suivant, signé : des Ormes.

Extrait du registre de la parroisse de Saint-Castor de Nimes qui porte que, le 8 mars 1700, a été batisé Charles-Joseph Natoire, né le 3 du même mois, fils de Florent Natoire et de dam^lle Caterine Mauric mariés, délivré à Nimes, le 27 septembre 1751, signé : Imbert, vicaire, et légalisé. Auquel est joint le :

Certificat en latin du vicaire-curé de l'église collégiale et parroissiale de Sainte-Marie *in via lata* à Rome comme illustre Mr Charles Natoire, directeur de l'Académie royale de France en cette ville, est son parroissien depuis plusieurs années, qu'il professe la religion catholique et en remplit les devoirs et qu'il est de très bonnes vie et mœurs, datté de Rome, le 18 avril 1755, signé : André Casanova, vicaire-curé perpétuel, et scellé du sceau de sa dite église, et légalisé par M. le marquis de Stainville (Estienne, comte de Choiseul), ambassadeur extraordinaire du Roy auprès du Saint-Siège apostolique, le 30 des mêmes mois et an, signé : Choiseul de Stainville, et plus bas : Par son Excellence, Boyer.

Nous Daniel-François, comte de Gelas de Voisins d'Ambres, vicomte de Lautrec, apellé le comte de Lautrec, lieutenant général des armées de Sa Majesté et en la province de Guienne, gouverneur des ville et prévosté du Quesnoy, cy-devant ambassadeur extraordinaire auprès de l'empereur Charles VI, certifions à Sa Majesté, chef et souverain de l'ordre de Saint-Michel, et à tous ceux qu'il apartiendra, que nous avons, en vertu de ses lettres patentes du 21 juin dernier, veu et examiné au raport du Sr Clairambault, généalogiste des dits Ordres, les titres produits par Charles Natoire, escuier, professeur de l'Académie de peinture et de sculpture du Roy et directeur de son Académie de peinture à Rome, lesquels nous avons trouvé suffisans pour les preuves requises par les statuts du dit ordre de Saint-Michel et par notre commission, qui le dispense de deux degrés d'extraction de noblesse ordonnés par les mêmes statuts, et en conséquence l'avons jugé digne d'être reçu chevalier de cet ordre et y avons fait aposer le cachet de nos armes, à Paris, le ... jour ... du mois de ... mil sept cent cinquante-cinq (sic .

Je Charles Natoire, escuier, professeur de l'Académie de peinture et de sculpture du Roy et directeur de son Académie de peinture à Rome, soussigné jure et promets de bien et fidèlement garder et entretenir les statuts et constitutions de l'ordre de Saint-Michel, auquel il a plu au Roy chef et souverain de m'associer, et d'en porter toujours la croix avec un ruban noir en écharpe, ainsi qu'il est ordonné par l'article IX des statuts de 1665 ; que, s'il vient à ma connaissance quelque chose, qui puisse altérer la grandeur et la dignité de l'ordre, ou qui soit contraire au service de Sa Majesté, j'en donnerai avis et m'y opposerai de tout mon pouvoir; que, s'il arrive (ce que Dieu ne veuille) que je sois trouvé avoir fait quelque chose digne de reproche, et pour raison de quoy je sois sommé et requis de rendre la croix du dit ordre, je la restitueray incontinent entre les mains de celui qui sera commis par Sa Majesté pour la retirer, sans que pour cette raison je porte aucune haine ni mauvaise volonté envers le souverain, les chevaliers et officiers. Pour seureté de quoy, j'engage ma foy et mon honneur par le présent acte signé de ma main et scellé du cachet de mes armes, à ... le ... jour du mois d ... mil sept cent cinquante-cinq (*sic*)[1].

(Bibl. nat., franç. 32962, anciennement Cabinet des titres n° 1127, fol. 246-249 ; minute non signée.)

XCVI

Cochin (Charles-Nicolas II)
(Mars 1757)

Le graveur Charles-Nicolas II Cochin naquit à Paris, le 22 février 1715, de Charles-Nicolas Cochin, graveur du Roi, et de Louise-Madeleine Horthemels, qui s'étaient mariés à Saint-Benoît de Paris, le 10 août 1713[2]. Il mourut célibataire aux galeries du Louvre, le 29 avril 1790; il était alors écuyer, chevalier de l'ordre du Roi, graveur et dessinateur de Sa Majesté en son Académie de peinture et de sculpture, garde des dessins du Cabinet du Roi aux galeries du Louvre, conseiller et secrétaire perpétuel de l'Académie de peinture et de sculpture, censeur royal et membre de plusieurs Académies, parmi lesquelles l'Académie royale des

---

[1] Cette minute avait été préparée, mais ne servit pas ; car, comme nous l'avons dit, Natoire ne se fit pas recevoir dans l'ordre de Saint-Michel.

[2] Acte de mariage publié par Al. Tardieu, dans Anciennes *Archives de l'art français*, t. VII, *Documents*, t. IV, p. 54.

sciences, belles-lettres et arts de Rouen ¹. Cochin obtint, en mars 1757, des lettres de noblesse qui ont été publiées par M. Guiffrey ² ; la même année, il fut reçu dans l'ordre de Saint-Michel ³.

Une lettre de Cochin à Descamps, peintre du Roi, directeur de l'Académie des arts à Rouen, porte un cachet noir aux armes suivantes : *de... à une fasce d'azur, accompagnée en chef de deux abeilles et d'une autre en pointe.* Nous avons peut-être là les armes du graveur ⁴.

XCVII

OLIVIERI (GIOVANNI-DOMINICO)

(1757)

Olivieri, premier sculpteur du roi d'Espagne à Madrid, est mentionné comme chevalier de Saint-Michel admis et non reçu dans l'*Almanach royal* de 1758 et dans celui de 1761 ⁵. Il était né à Massa-Carrara (Carrare, Italie) et mourut, dit-on, en 1762 ⁶.

Dussieux cite un peintre au pastel, Pharaonne-Marie-Madeleine Olivieri, qui naquit à Paris et fut membre de l'Académie de peinture en 1759 ; des portraits de cette artiste sont conservés dans la collection de l'Académie royale de Saint-Ferdinand ⁷. Le peintre au pastel en question était probablement de la même famille que le premier sculpteur du roi d'Espagne.

XCVIII

REBEL (FRANÇOIS)

(Mai 1760)

François Rebel, fils de Jean-Ferry ⁸ Rebel, un des vingt-quatre

---

¹ Acte de sépulture publié par TARDIEU, *loc. cit.*, p. 66-67 ; par HERLUISON, *op. cit.*, p. 83 ; par PIOT, *op. cit.*, p. 26. Cf. aussi A. DE MONTAIGLON, *op. cit.*, t. X, p. 60.

² *Artistes anoblis*, I, p. 26-28, n° XIII.

³ *Almanachs royaux*, liste des membres de l'ordre de Saint-Michel.

⁴ Lettre publiée par LAPERLIER, dans Anciennes *Archives de l'art français*, t. IX, *Documents*, t. V, p. 219-222.

⁵ Liste des chevaliers de Saint-Michel. Le nom d'Olivieri ne se trouve pas dans les *Almanachs royaux* de 1759 et 1760.

⁶ NAGLER, *Künstler-Lexicon*, t. X, p. 346, et P. ZANI, *Enciclopedia metodica delle Belle Arti*, t. XIV, p. 142.

⁷ *Artistes français à l'étranger*, 3ᵉ édition, p. 382.

⁸ Son père est seulement appelé Jean dans l'extrait baptistaire publié ci-dessous.

violons du Roi, et compositeur de la Chambre, naquit le 19 juin 1701 et fut baptisé le 29 à Saint-Roch de Paris. Il entra à l'orchestre de l'Opéra dès l'âge de treize ans. Par brevets du 30 août 1733, il reçut les charges de l'un des surintendants de la musique de la Chambre du Roi et de maître de la musique de la dite Chambre, vacantes par la démission, à condition de survivance, d'A.-C. Destouches. Il fut anobli par lettres patentes du mois de mai 1760, et la même année nommé chevalier de l'ordre de Saint-Michel. Les *Almanachs royaux* de 1762 à 1775 le qualifient : surintendant de la musique du Roi et directeur de l'Académie royale de musique, et indiquent son adresse rue Saint-Nicaise [1]. Il mourut le 7 novembre 1775 [2] ne laissant qu'une fille (Mme Girard) [3].

Preuves de François Rebel pour l'ordre de Saint-Michel.

Extrait des titres produits par François Rebel, écuyer, surintendant de la musique de la Chambre du Roy, nommé par Sa Majesté chevalier de son ordre de Saint-Michel, pour les preuves de sa noblesse et de ses âge et religion.

Devant haut et puissant seigneur, Messire Louis de Talaru, marquis de Chalmazel, comte de Chamarande, seigneur de Saint-Marcel, etc., brigadier des armées du Roy, premier maître d'hôtel de la Reine, gouverneur des villes et château de Phaltzbourg et Sarrebourg, chevalier et commandeur des Ordres de Sa Majesté, commissaire député pour la vérification de ces preuves par lettres patentes du 12 septembre 1760.

Lettres patentes du Roy... à son cher et bien amé cousin le duc de Fleury... et à son cher et bien amé le marquis de Chalmazel... à Versailles, le 12 septembre 1760...

Instruction du Roy... 12 sept. 1760...

Lettre du Roy à M. le marquis de Chalmazel... 12 sept. 1760...

Lettre du Roy à Mons. Rebel... 12 septembre 1760...

Brevet datté de Versailles, le 30 aoust 1733, par lequel le Roy, sur le favorable raport, qui lui a été fait, de la capacité et de l'affection à son service du Sʳ François Rebel, ordinaire de sa musique, le retient en la charge de l'un des surintendants de la musique de sa Chambre, vacante par la dé-

---

[1] *Almanachs royaux*, liste des chevaliers de Saint-Michel.
[2] Voir les textes publiés ci-dessous, et Fétis, *op. cit.*, t. VII, p. 193; Riemann, *op. cit.*, p. 670.
[3] Notice de 1780 publiée par V. Advielle, dans *Réunion des Sociétés des Beaux-Arts*, t. IX, 1885, p. 170.

mission, à condition de survivance, du Sʳ André-Cardinal D'Estouches (sic), signé : Louis, et plus bas : Par le Roy, Phelypeaux; avec sa prestation de serment entre les mains de M. le duc d'Aumont, premier gentilhomme de la Chambre de Sa Majesté, du 15 janvier 1734. Ce brevet enregistré au controlle général de la Maison du Roy, le 24 février 1748, signé : Félix, et en la Chambre des Comptes, le 12 septembre 1749, signé : du Cornet.

Autre datté de Versailles, le même jour, par lequel Sa Majesté, sur le favorable rapport, qui lui a été fait, du Sʳ François Rebel, ordinaire de sa musique, et de sa capacité et affection à son service, le retient dans la charge de maître de la musique de sa Chambre, vacante par la démission, à condition de survivance, du Sʳ André-Cardinal D'Estouches, signé : Louis, et plus bas : Par le Roy, Phelypeaux ; avec sa prestation de serment entre les mains de M. le duc d'Aumont, premier gentilhomme de la Chambre du Roy, du 15 janvier 1734. Ce brevet enregistré au controlle général de la Maison du Roy, le 24 février 1748, signé : Félix, et en la Chambre des Comptes, le 12 septembre 1749, signé : du Cornet.

Lettres patentes d'annoblissement accordées par le Roy au Sʳ François Rebel, surintendant de la musique de sa Chambre, pour lui, ses enfans, postérité et descendans mâles et femelles, nés et à naître en légitime mariage, portant que le privilège de la noblesse a toujours été regardé par les Roys ses prédécesseurs comme la marque la plus précieuse de leur estime et la plus digne récompense qu'ils puissent toujours accorder à ceux de leurs sujets qui se sont distingués non-seulement par leur zèle et par leur fidélité pour leur service, mais aussi par des talens supérieurs dans les Arts; qu'il n'est point de moyen plus capable d'exciter à la vertu, d'élever le cœur et les sentimens que d'accorder à ceux qui se distinguent dans les Arts des récompenses qui se transmettent à leur postérité; que les preuves que le dit Sʳ Rebel a données de son zèle pour son service, les grands talens qu'il a fait paroître presque en naissant et qui se sont perfectionnés par une application suivie, la distinction avec laquelle il a rempli les charges de compositeur et maître de la musique de sa Chambre, dont il est encore revêtu, joint aux différens ouvrages de sa composition, qui ont reçu son approbation et celle du public, l'engagent à lui donner une nouvelle marque de la satisfaction qu'Elle en ressent et du souvenir qu'Elle conserve des services rendus au feu Roy, son bisayeul, et à Elle, pendant une longue suite d'années, par les père et ayeul du dit Sʳ Rebel, dans les différentes charges qu'ils ont remplies, avec faculté de porter pour armes : *d'azur à une harpe d'or, terminée par une tête de génie de même, sommée d'une flamme de gueules.* Ces lettres données à Versailles, au mois de may 1760, signées : Louis, et plus bas : Par le Roy, Phelypeaux ; à côté : Visa, Louis ; et scellées sur las de soye rouge et verte du grand sceau en cire verte;

registrées au Parlement de Paris, le 4 septembre 1760, signé : ISABEAU[1].

Extrait des registres de la paroisse Saint-Roch à Paris, portant que François, fils de Jean Rebel, officier du Roy, et de Catherine Des Couty, né le 19 juin 1701, y fut baptisé le 21 du même mois, délivré le 11 juillet 1760, par le prestre dépositaire des dits registres, signé : LOURDET. Auquel est joint un :

Certificat de M. Chapeau, prêtre, docteur de Sorbonne, curé de l'église royalle et paroissialle de Saint-Germain-l'Auxerrois de Paris, comme Mre François Rebel, surintendant de la musique du Roy, son paroissien, est de bonnes vie et mœurs et fait profession de la foi catholique, apostolique et Romaine, datté de la dite ville, le 16 juillet 1760, signé : CHAPEAU.

Nous Louis de Talaru, marquis de Chalmazel... certifions à Sa Majesté... En foy de quoy, nous avons signé ces présentes, avec le Sr de Beaujon, et y avons fait apposer le cachet de nos armes, à ... (sic).

Je François Rebel, écuyer... jure et promets... signé de ma main et scellé du cachet de mes armes, à ... (sic).

Et le dit jour... (sic) nous... (sic) chevalier et commandeur des Ordres du Roy... avons fait chevalier de l'ordre de Saint-Michel mon dit Sr Rebel... En foy de quoy, nous lui avons donné le présent acte signé de notre main et scellé du cachet de nos armes.

(Bibl. nat. franç. 32962, anciennement Cabinet des titres n° 1127, fol. 321-324 ; minute non signée.)

XCIX

PIERRE (JEAN-BAPTISTE-MARIE)
(1762)

Pierre, peintre médiocre qui parvint aux plus grands honneurs, possédait une grande facilité, dont son œuvre la plus considérable, la coupole de la chapelle de la Vierge à Saint-Roch, est un témoignage. Il naquit à Paris, en 1713 (?) et décéda dans la même ville, le 15 mai 1789, étant chevalier de l'ordre du Roi, premier peintre de Sa Majesté, ancien premier peintre de feu le duc d'Orléans, directeur de l'Académie royale de peinture et de sculpture, directeur des manufactures royales des Gobelins et de la Savonnerie, directeur honoraire de l'Académie de peinture, sculpture et archi-

---

[1] Une copie de ces lettres se trouve dans le Nouveau d'Hozier, dossier Rebel, fol. 2 et 3. Ibidem, fol. 4, minute signée du règlement d'armoiries par Louis-Pierre d'Hozier (Paris, 19 mai 1760); l'écu y est dit timbré d'un casque de profil, orné de ses lambrequins d'azur, d'or et de gueules.

tecture civile et navale de Marseille, honoraire-amateur de l'Académie royale d'architecture, honoraire-associé-libre de l'Académie impériale de Saint-Pétersbourg, de l'Académie impériale et royale de Vienne, de celle de Hesse-Cassel et de celle de Richemont en Virginie [1]. Il avait été agréé à l'Académie royale de peinture en 1741 et reçu académicien le 31 mars 1742 [2].

C'est en 1762 que Pierre avait obtenu le collier de Saint-Michel [3]. Il était célibataire, et son héritière fut sa nièce Jeanne-Sophie Pierre-de-Passy, épouse de Jean-Charles Gravier, baron de Vergennes, colonel commandant du régiment de la Sarre [4].

C

RAMEAU (JEAN-PHILIPPE)

(Mai 1764)

Rameau, le plus célèbre musicien du dix-huitième siècle, naquit à Dijon, le 25 septembre 1683, et fut baptisé le même jour; son père Jean était organiste, et sa mère s'appelait Claudine de Martinecourt. Jean-Philippe épousa à Paris (Saint-Germain-l'Auxerrois), le 25 février 1726, Marie-Louise Mangot. Il mourut, le 12 septembre 1764, étant compositeur de la musique du Cabinet du Roi, pensionnaire de Sa Majesté et de l'Académie royale; il laissait un fils Claude-François Rameau, valet de chambre du Roi, qui épousa, le 7 mai 1772, Françoise-Suzanne Dubois [5]. Peu de mois avant sa mort, Jean-Philippe Rameau avait obtenu du Roi des lettres de noblesse fort élogieuses, dont nous donnons ci-dessous le texte. Une note en marge de son règlement d'armoiries nous apprend qu'il avait été nommé chevalier de Saint-Michel.

---

[1] A. DE MONTAIGLON, *op. cit.*, t. X, p. 12; HERLUISON, *op. cit.*, p. 348; PIOT, *op. cit.*, p. 98.

[2] Et non 1744, comme le dit JAL. Cf. A. DE MONTAIGLON, *op. cit.*, t. V, p. 317.

[3] *Almanachs royaux*. Son adresse est à la Bibliothèque du Roi ou rue Vildot de 1764 à 1773 et au Louvre de 1774 à 1789.

[4] GUIFFREY, *op. cit.*, 3ᵉ partie, p. 217-218. Voir la nomination du peintre comme tuteur de sa nièce (1772) dans le Mᵜ DE GRANGES DE SURGÈRES, *op. cit.*, p. 166.

[5] Voir ces actes dans JAL, *op. cit.*, p. 1035-1037. Cf. également : FÉTIS, *op. cit.*, t. VII, p. 167, et supplément par A. POUGIN, t. II, p. 393; RIEMANN, *op. cit.*, p. 661-662.

Lettres de noblesse pour Jean-Philippe Rameau.

Louis... Un de nos principaux soins depuis notre avènement à la couronne a été de faire fleurir les Arts dans notre Royaume, en les encourageant par des récompenses et des distinctions accordées à ceux que le génie, secondé par une noble émulation et une étude suivie, a rendu capables de porter leurs talents au plus haut degré de perfection. C'est par ces motifs que nous nous sommes déterminés à donner des marques de notre bienveillance à notre cher et bien amé le Sr Jean-Philippes Rameau, compositeur de la musique de notre Cabinet et notre pensionnaire. Déjà célèbre par les premiers ouvrages de sa composition et l'invention de nouveau signes pour faciliter l'accompagnement, il ne se borna pas à ces succès ; on ne connoissoit pas avant lui toute l'étendue des règles de la musique, la pénétration de son esprit lui fit concevoir la possibilité de les rendre invariables, en les assujettissant à des loix plus certaines et plus simples, et bientôt ses profondes réflexions et ses sçavantes recherches lui firent découvrir dans la basse fondamentale le véritable principe de l'armonie et de la mélodie; les excelents traités qu'il composa pour le développement et la démonstration de son sistème, ayant fait généralement adopter sa nouvelle méthode, il s'appliqua encor de plus en plus à contribuer aux progrès de son art en publiant son *Code de musique,* sa *Génération harmonique* et sa *Dissertation* sur le même sujet digne de l'aprobation qu'il reçut de la part de notre Académie des sciences, lorsqu'il y a été appellé pour en faire la lecture; la fécondité de son génie s'est également manifestée dans les chef-d'œuvres de sa composition, qui excitent à si juste titre l'admiration et les applaudissements de toute l'Europe; l'ayant chargé de la musique des Ballets, que nous avons fait exécuter, en mil sept cent quarante-sept, à l'occasion du mariage de notre très cher fils le Dauphin, le brillant succès de cet ouvrage nous engagea à le gratiffier alors d'une pension; mais des talents aussi supérieurs méritent des récompenses qui passent à la postérité et nous nous sommes d'autant plus volontiers déterminés à lui accorder une grâce de ce genre, qu'elle sera en même temps une preuve de la satisfaction que nous ressentons du zèle et de l'assiduité avec lesquels le Sr Claude-François Rameau, son fils, remplit, depuis près de neuf ans, la charge de l'un de nos valets de chambre.

A ces causes... nous avons anobli et... annoblissons le dit Sr Jean-Philippes Rameau...

Donné à Versailles, au mois de mai, l'an de grâce mil sept cent soixante-quatre et de notre règne le quarante-neuvième. Signé : Louis, et sur le reply : Par le Roy, Phélypeaux.

(Bibl. nat., Nouveau d'Hozier, dossier Rameau, fol. 2-4; copie d'après l'original en parchemin.)

Règlement d'armoiries pour Rameau.

Règlement d'armoiries par Louis-Pierre d'Hozier pour Jean-Philippe Rameau. Paris, 6 septembre 1764.

Un écu *d'azur à une colombe d'argent, tenant dans son bec un rameau d'olivier d'or.* Cet écu timbré d'un casque de profil, orné de ses lambrequins d'or, d'azur et d'argent.

(Bibl. nat., Nouveau d'Hozier, dossier Rameau, fol. 5; minute signée ¹.)

CI

Francoeur (François)
(Mai 1764)

Le violoniste Francœur fut anobli en même temps que Rameau et quelques années après son ami Rebel, dont il fut le collaborateur pour plusieurs opéras. Après avoir été un des vingt-quatre violons du Roi, il devint surintendant de sa musique. Fétis dit qu'il fut fait chevalier de Saint-Michel en juin 1764; cette date se rapporte probablement à sa nomination par le Roi, mais Francœur ne fut reçu qu'en 1765 ². Il était né à Paris le 28 septembre 1698, et mourut dans cette ville le 6 août 1789 ³.

Lettres de noblesse pour François Francœur.

Louis... Le privilège de la noblesse a toujours été regardé par les Rois nos prédécesseurs comme la marque la plus précieuse de leur estime... et il n'est point en effet de moyen plus capable d'exciter à la vertu, d'élever le cœur et les sentiments que d'accorder à ceux qui se distinguent dans les Arts des récompenses, qui se transmettent à leur postérité.

Les preuves que nous a donné le Sr François Francœur, surintendant de

---

¹ *En marge de cette minute on lit :* « Il est mort au mois de 7bre 1764, peu après l'expédition de ce présent brevet d'armoiries et avoit été nommé chevalier de l'ordre de St-Michel. » — On nous signale la publication des lettres de noblesse et du règlement d'armoiries de Rameau, faite par M. A. Pougin dans le *Bulletin de la Société de l'Histoire du théâtre*, n° 2, avril 1902. p. 39-43.

² *Almanachs royaux.* Son adresse est rue Saint-Nicaise de 1766 à 1778 et rue Neuve-des-Petits-Champs près celle de Chabanois de 1783 à 1787. L'adresse est en blanc dans les *Almanachs* de 1781 et 1782.

³ Fétis, *op. cit.*, t. III, p. 311 ; Riemann, *op. cit.*, p. 254.

notre musique, de son zèle pour notre service, les grands talents qu'il a fait paroître presque en naissant et qui se sont perfectionnés par une application suivie, la distinction avec laquelle il a rempli les différentes places qu'il a exercées à notre service et la charge de surintendant de notre musique, dont il est encore revêtu, joint aux différents ouvrages de sa composition, qui ont reçu notre approbation et celle du public, nous engagent à lui donner une nouvelle marque de la satisfaction que nous ressentons et du souvenir que nous conservons des services que son père a rendu au feu Roy, notre bisayeul, et à nous, pendant une longue suite d'années, dans la charge qu'il a remplie.

A ces causes,... nous avons annobli et... annoblissons le dit Sr François Francœur...

Donné à Versailles, au mois de may, l'an de grâce mil sept cent soixante-quatre et de notre règne le quarante-neuvième. Signé : LOUIS, et sur le reply : Par le Roy, PHELYPEAUX.

(Bibl. nat., Nouveau d'Hozier, dossier Francœur, fol. 2 et 4; copie.)

CII

QUÉVANNES (CHARLES-JULIEN)

(Juin 1764)

M. Guiffrey[1] a publié les intéressantes lettres de noblesse accordées à Quévannes, essayeur général des monnaies de France, en juin 1764. Cette pièce nous apprend que Quévannes appartenait à une famille qui exerçait, depuis sa création, l'office d'essayeur général des monnaies. En 1736, le Roi l'avait envoyé en Hollande, pour se perfectionner dans l'art des essais; Charles-Julien en revint avec une nouvelle méthode, qu'il enseigna aux sujets chargés de remplir l'office de directeur et d'essayeur particulier des diverses monnaies du royaume. Quévannes, avant de succéder à un de ses oncles, comme essayeur général des monnaies, avait été commis, dès 1738, à la place d'essayeur particulier de la monnaie de Paris, vacante par le décès de Mathias Racle[2].

---

[1] *Artistes anoblis*, I, p. 30-32, n° XV. Une copie des lettres de noblesse de Quévannes se trouve dans le Nouveau d'Hozier, dossier Quévannes, fol. 2-7.
[2] Cf. un curieux factum intitulé : *Mémoire pour le sieur Charles-Julien Quévannes, conseiller du Roi, essayeur général des monnoyes de France, contre Monsieur le Procureur général, le sieur Aubert, maître fourbisseur à Paris, et le sieur Racle, essayeur de la monnoye de Paris* (Paris, Chenault,

Il fut reçu dans l'ordre de Saint-Michel en 1765[1] et décéda probablement en 1778, car son nom disparaît de la liste des chevaliers publiée par l'*Almanach royal* de 1779.

Règlement d'armoiries pour Charles-Julien Quévannes.

Règlement d'armoiries par Louis-Pierre d'Hozier pour Charles-Julien Quévannes, conseiller du Roi, essayeur général des monnaies de France. Paris, 6 juillet 1764.

Un écu *d'azur à une bonne foi d'argent, mouvante de deux petits nuages de même et tenant trois lis de jardin d'argent en forme de bouquet.* Cet écu timbré d'un casque de profil, orné de ses lambrequins d'argent et d'azur.

(Bibl. nat., Nouv. d'Hozier, dossier Quévannes, fol. 5, minute signée.)

CIII

BLANCHARD (ANTOINE)

(Octobre 1764)

Antoine[2] Blanchard est le troisième musicien anobli en 1764. A cette date, il servait le Roi depuis près de trente ans et remplissait la charge de maître de la musique de la Chapelle royale. L'année suivante il fut reçu dans l'ordre de Saint-Michel[3]. Blanchard, fils d'un médecin de Pernes, dans le Comtat, naquit le 29 février 1698; il mourut à Versailles, le 10 avril 1770[4]. Son acte de sépulture, dont nous devons la copie à l'obligeance de notre confrère M. Léonardon, nous fait connaître l'existence de deux fils : « L'an mil sept cent soixante-dix, l'onzième avril, M. Antoine[5] Blanchard, écuyer, chevalier de l'Ordre du Roy, maître de musique de sa Chapelle, époux de Magdelaine Jovelet, décédé d'hier, âgé de soixante-quatorze ans, a été inhumé par

---

1762, in-fol. de 24 pages). Un exemplaire de ce factum, qui nous est signalé par notre confrère et ami M. Mazerolle, est conservé à la bibliothèque de la Monnaie.

[1] *Almanachs royaux.*
[2] On lui donne souvent les prénoms d'Esprit-Joseph-Antoine ; mais ses lettres de noblesse l'appellent seulement Antoine et, comme on le verra plus bas, les deux premiers prénoms ont été effacés dans son acte de sépulture.
[3] *Almanachs royaux.*
[4] FÉTIS, *op. cit.*, t. I, p. 434.
[5] *On a rayé ici entre* M. *et* Antoine *ces deux mots* : Esprit-Joseph.

nous soussigné prêtre, curé de cette paroisse, en présence de Louis-Nicolas-Antoine Blanchard, et Antoine-Nicolas Blanchard-Dufargis, ses fils, et de Mre François-Didier-Christophe Domergue, prêtre, lesquels ont signé avec nous. (*Signé :*) BLANCHARD, BLANCHARD, DOMERGUE, prêtre, BARET, curé. Approuvé les ratures [1]. »

Lettres de noblesse pour Antoine Blanchard.

Louis... Le titre de noblesse ayant toujours été considéré comme la plus haute récompense de la vertu, les Rois nos prédécesseurs ne l'ont accordés qu'à ceux de leurs sujets, qui l'avoient mérité par des services rendus à leurs personnes, à l'Etat et au public; et d'autant que l'étude des Sciences et l'exercice des Arts contribue essentiellement à la gloire et à la félicité de l'Etat, dans cet esprit considérant que le Sr Antoine Blanchard, maître de la musique de notre Chapelle et attaché à notre service depuis près de trente ans, se seroit acquitté de ses emplois et fonctions avec autant de zèle que de distinction, qu'il y auroit acquis une considération d'autant plus juste et plus raisonnable que les seuls objets pour lesquels il a fait usage de ses talens sont devenus un témoignage assuré de sa piété et de sa vertu, qui est le véritable principe de la noblesse; et bien informés d'ailleurs que le dit Sr Antoine Blanchard est issu d'une famille honnorable et dans le sein de laquelle il a puisé les sentiments, qui le distinguent et qui lui ont mérité notre bienveillance, nous avons voulu lui en donner des marques, en lui accordant une récompense, qui puisse être transmise à sa postérité.

A ces causes... nous avons... le dit Blanchard, ses enfans et postérité, nés et à naître en légitime mariage, annoblis et annoblissons...

Donné à Fontainebleau, au mois d'octobre, l'an de grâce mil sept cent soixante-quatre et de notre règne le cinquantième. Signé : LOUIS, et sur le reply : Par le Roy, PHELYPEAUX.

(Bibl. nat., Nouv d'Hozier, dossier Blanchard, fol. 56-57; copie sur l'original en parchemin.)

Règlement d'armoiries pour A. Blanchard.

Règlement d'armoiries par Louis-Pierre d'Hozier pour Antoine Blanchard. Paris, 31 octobre 1764.

Un écu *d'or à un ours de sable passant, muselé d'argent*. Cet écu timbré d'un casque de profil, orné de ses lambrequins d'or, de sable et d'argent.

(*Ibidem,* fol. 58; minute signée.)

---

[1] Mairie de Versailles, paroisse Saint-Louis, décès 1770, fol. 13 v°.

CIV

Pigalle (Jean-Baptiste)
(Décembre 1768)

Trois sculpteurs français, Pigalle, Saly et Larchevêque, furent anoblis dans le mois de décembre 1768. Pigalle est le plus célèbre et le plus remarquable. Il naquit à Paris, le 26 janvier 1714, fils de Jean II Pigalle, maître menuisier, et de Geneviève Le Dreux [1] et décéda rue Saint-Lazare, paroisse de Saint-Pierre-de-Montmartre, le 20 août 1785 [2], étant : écuyer, sculpteur du Roi, chevalier de Saint-Michel, chancelier de l'Académie royale de peinture et de sculpture, l'un de ses quatre recteurs, membre de l'Académie royale des sciences et belles-lettres de Rouen, citoyen de la ville de Strasbourg. J.-B. Pigalle avait épousé, ayant dépassé la cinquantaine, le 17 janvier 1771, en la chapelle de Notre-Dame-de-Lorette, Marie-Marguerite-Victoire Pigalle, dont il n'eut pas d'enfant [3]. Il avait été anobli par lettres du mois de décembre 1768 ; le 8 mai 1769, il fut reçu dans l'ordre de Saint-Michel, en même temps que l'ingénieur naval Clairain des Lauriers et les architectes de La Guépierre et Jardin, dont nous avons parlé dans la première partie [4].

Lettres de noblesse pour Jean-Baptiste Pigalle.

Louis... La protection particulière que nous accordons aux Sciences et aux Arts ne se borne pas à faire les établissements, qui nous paroissent

---

[1] Acte de baptême du 28 janvier à Saint-Nicolas-des-Champs, publié par A. de Montaiglon dans Anciennes *Archives de l'art français*, t. XI, *Documents*, t. VI, p. 105, suivi d'autres pièces sur le sculpteur et sa famille, dont l'acte de sépulture à Saint-Pierre-de-Montmartre en date du 22 août 1785, p. 110. Cf. aussi Herluison, *op. cit.*, p. 349, et Piot, *op. cit.*, p. 98-99.

[2] L'acte de sépulture en date du 22, comme nous l'avons dit à la note précédente, porte *décédé la veille;* mais M. Guiffrey a publié le procès-verbal d'apposition des scellés, le samedi 20 août 1785, à 9 heures du soir, environ deux heures après le décès du sculpteur (*Scellés et inventaires d'artistes*, 3ᵉ partie, p. 169).

[3] Jal, *op. cit.*, p. 969.

[4] On pourra lire dans nos *Documents sur divers artistes membres de l'ordre de Saint-Michel*, loc. cit., p. 471-472. n° VIII, son éloge prononcé en cette circonstance par le secrétaire de l'ordre ; il est beaucoup plus détaillé que les lettres de noblesse publiées ci-dessous. — Cf. sur cet artiste, Tarbé, *la Vie et les Œuvres de J.-B. Pigalle*. (Paris, 1859, in-8°).

convenables pour les faire fleurir dans notre Royaume, nous sommes encore toujours disposés à donner des marques honorables de notre estime à ceux de nos sujets, qui s'y distinguent par leurs talents. Notre cher et bien amé Jean-Baptiste Pigalle, l'un de nos sculpteurs et professeur de notre Académie de peinture et sculpture, s'est rendu si recommandable par le degré de perfection, où il a sçu porter son art, et les beaux ouvrages, qui sont sortis de ses mains, lui ont acquis une réputation si justement méritée, que nous l'avons jugé digne de ressentir les effets de nos dispositions à cet égard. Plusieurs monuments publics, consacrés à la postérité, tels que le Mausolée du feu maréchal de Saxe, l'un des plus grands ouvrages qui ayent été exécutés en sculpture; les groupes de l'Amour et de l'Amitié, la statue de la Vierge que nous avons fait placer dans l'église de notre Hôtel Royal des Invalides, le monument de Rheims, un des plus remarquables de l'Europe, aussi intéressant par sa composition que par son exécution, le choix que nous avons fait de lui pour exécuter en marbre deux de nos statues, celui qui a été fait de sa personne pour finir notre statue équestre destinée pour notre bonne ville de Paris et qui avoit été commencée par le célèbre Bouchardon, qui l'avoit désigné lui-même par son testament pour faire ce grand ouvrage, nous ont prouvé combien ce grand artiste est digne de notre protection et d'être élevé au grade destiné pour le mérite et la vertu; nous avons voulu lui en donner une marque très distinguée, en luy accordant des honneurs qu'il puisse transmettre à ses descendants.

A ces causes... nous avons anobli et... anoblissons le dit Sr Jean-Baptiste Pigalle...

Donné à Versailles, au mois de décembre, l'an de grâce mil sept cent soixante-huit et de notre règne le cinquante-quatrième. Signé : LOUIS, et plus bas : Par le Roy, PHELYPEAUX.

(Bibl. nat., Nouv. d'Hozier, dossier Pigalle, fol. 2 et 3, copie.)

Règlement d'armoiries pour Pigalle.

Règlement d'armoiries par Antoine-Marie d'Hozier de Sérigny, juge d'armes de la noblesse de France, pour le Sr Jean-Baptiste Pigalle. Paris, 26 janvier 1769.

Un écu *d'azur à un ébauchoir d'or et une ripe de même, passés en sautoir, surmontés d'une flamme aussi d'or, et un chef d'argent chargé d'une étoile d'azur. Cet écu timbré d'un casque de profil, orné de ses lambrequins d'or, d'azur et d'argent.*

(*Ibidem,* fol. 4; minute signée.)

CV

Saly (Jacques-François-Joseph)

(Décembre 1768)

M. Jouin ayant retracé la biographie de Jacques Saly, sculpteur du roi de Danemark, nous nous contenterons de renvoyer à son travail [1]. Cet artiste naquit à Valenciennes, le 20 juin 1717, de François-Marie Saly, ménétrier originaire de Florence, et de Marie-Michelle Jardez [2]. Il mourut sans avoir été marié, à Paris, le 4 mai 1776, étant écuyer, chevalier de Saint-Michel, sculpteur du Roi, ancien professeur de l'Académie royale de Copenhague [3]. De même que son ancien camarade de Rome l'architecte Jardin, dont il a été question dans la première partie, et en même temps que lui, Saly fut anobli en décembre 1768, sur la demande du roi de Danemark Christian VII [4], et fut admis l'année suivante dans l'ordre de Saint-Michel; mais il ne se fit recevoir qu'en 1775, après son retour en France. Saly avait obtenu, dès 1769, la permission de porter le cordon de l'ordre, bien qu'il ne fût pas reçu [5].

CVI

Larchevêque (Pierre-Hubert)

(Décembre 1768)

Ce sculpteur, élève de Bouchardon, naquit en 1721 et mourut le 28 septembre 1778. Il obtint le premier prix en 1745 et fut

---

[1] *Jacques Saly, sculpteur du roi de Danemark* (Paris, 1896, in-8°); voir aussi les articles du même dans la *Gazette des Beaux-Arts*, 1895, t. I, p. 497-512 et dans les *Nouvelles Archives de l'art français ancien et moderne*, 3ᵉ série, t. XI, *Revue*, 12ᵉ année, 1895, p. 170-361.

[2] Jouin, dans *Nouvelles Archives, loc. cit.*, p. 297.

[3] Acte de sépulture publié par MM. E. Piot, *op. cit.*, p. 112; H. Herluison, *op. cit.*, p. 396, et Jouin, *Jacques Saly*, p. 355.

[4] Les lettres de noblesse ont été publiées par M. Guiffrey, *op. cit.*, t. II, p. 229-232, n° IV, et par M. Jouin, *Nouvelles Archives, loc. cit.*, p. 343-345. Dans cette dernière publication on trouve aussi, p. 339-343 et p. 346-347, diverses pièces annexes relatives à l'anoblissement de Saly et à sa nomination dans l'ordre de Saint-Michel.

[5] *Almanachs royaux*, liste des chevaliers de l'ordre de Saint-Michel. — Voir l'éloge de Saly prononcé par le secrétaire de l'ordre au chapitre du 8 mai 1769, dans *Documents sur divers artistes membres de l'ordre de Saint-Michel, loc. cit.*, p. 474, n° X.

envoyé à l'Académie de Rome par brevet du 6 janvier 1746[1]. Il résida en Suède plusieurs années et il y sculpta notamment une statue pédestre de Gustave Wasa et une statue équestre de Gustave-Adolphe, cette dernière fondue et érigée seulement en 1791. Il fut le maître du célèbre sculpteur suédois Jean-Tobie Sergell[2]. Larchevêque fut anobli par le roi de Suède, et Louis XV lui accorda la même grâce dans son royaume par lettres de décembre 1768[3]. En 1770, cet artiste fut nommé dans l'ordre de Saint-Michel, mais il ne se fit jamais recevoir[4] ; il était chevalier de l'Étoile polaire, sculpteur du roi de Suède et directeur de son Académie de sculpture.

CVII

CHALLE (CHARLES-MICHEL-ANGE)

(Novembre 1770)

Challe, né à Paris le 18 mars 1718 et mort dans la même ville, le 8 janvier 1778, se fit d'abord connaître par des tableaux d'histoire ; en 1764, il fut choisi pour remplacer René-Michel, dit Michel-Ange, Slodtz[5], en qualité de dessinateur du Cabinet du Roi et à ce titre donna les dessins des pompes funèbres des membres de la famille royale. C'est à la suite des fêtes célébrées pour le mariage du Dauphin avec Marie-Antoinette que Challe fut anobli, au mois de novembre 1770[6]. Il fut reçu dans l'ordre de Saint-Michel en 1773, en même temps que l'ingénieur Gendrier[7]. Nous n'avons pas retrouvé ses preuves, auxquelles renvoient celles de Gendrier publiées plus haut[8]. De son mariage, contracté en 1762,

---

[1] *Nouvelles Archives de l'art français*, 2ᵉ série, t. Iᵉʳ, 1879-1870, 7ᵉ volume de la collection, p. 374.

[2] DUSSIEUX, *Artistes français à l'étranger*, 3ᵉ édition, p. 597-598.

[3] GUIFFREY, *op. cit.*, II, p. 234-235, nᵒ VI.

[4] *Almanachs royaux*, liste des chevaliers de Saint-Michel. Bien que Larchevêque soit mort en 1778, selon DUSSIEUX, son nom est encore sur la liste de l'*Almanach* de 1786 ; il est vrai qu'aux *Observations*, p. 698, on dit qu'il est décédé.

[5] Décédé le 26 octobre 1764 (Marquis DE GRANGES DE SURGÈRES, *op. cit.*, p. 189).

[6] Voir les lettres dans GUIFFREY, *op. cit.*, II, p. 236-237, nᵒ VII.

[7] *Almanachs royaux* de 1774 à 1778. Son adresse est : rue Poissonnière, au coin de la rue Bergère.

[8] Voyez ci-dessus, première partie, nᵒ XLIII.

avec Madeleine-Sophie, fille du peintre Jean-Marc Nattier, il n'eut pas d'enfant.

Règlement d'armoiries pour Challe.

Règlement d'armoiries par Ant.-M. d'Hozier de Sérigny, juge d'armes de la noblesse de France, pour le Sr Charles-Michel-Ange Challe, dessinateur du Cabinet du Roy, professeur de l'Académie royale de peinture et de sculpture et membre de celle des Arts de Lyon et des Arcades de Rome. Paris, 20 décembre 1770.

Un écu *de gueules à une coupe d'or, surmontée d'une étoile d'argent.* Cet écu timbré d'un casque de profil, orné de ses lambrequins d'or, de gueules et d'argent.

(Bibl. nat., Nouv. d'Hozier, dossier Challe, fol. 2; minute signée.)

CVIII

Roettiers (Jacques)

(Février 1772)

Voir ci-dessus n° LXXXIII.

CIX

Silvestre (Jacques-Augustin de)

(Octobre 1775)

Voir ci-dessus n° XCI.

CX

La Salle (Philippe de)

(1775)

Philippe de La Salle, né à Seyssel le 23 septembre 1723, et mort à Lyon le 27 février 1804, fut l'élève du peintre Daniel Sarrabat et de Boucher; il donna une grande extension aux étoffes brochées de Lyon et fit à la navette des tableaux d'animaux, ainsi que les portraits de Louis XV et de Catherine II [1]. En l'an IX, le ministre de l'Intérieur l'inscrivit sur l'état des savants et hommes de lettres pour une pension de 1,200 francs. En mourant, La Salle laissa une veuve et une fille mariée à M. Thieriat, receveur général des douanes à Paris [2]. En 1775, il avait été reçu dans

---

[1] *Nouvelle Biographie générale* de Didot et Hoefer, t. XXIX; G. Le Breton, dans *Gazette des Beaux-Arts*, 1882, t. II, p. 460-462.

[2] J.-J. G[uiffrey], dans *Nouvelles Archives de l'art français*, 2e série, t. III, 9e volume de la collection, p. 322-323.

l'ordre de Saint-Michel; les listes publiées dans les *Almanachs royaux* le qualifient : dessinateur et fabricant, pensionnaire du Roi à Lyon [1].

CXI

HALLÉ (NOEL)
(Novembre 1776)

La famille Hallé a donné des peintres pendant plusieurs générations [2]. Noël naquit à Paris le 2 septembre 1711, et mourut en cette ville (paroisse Saint-Benoît) le 5 juin 1781 [3]; il était fils du peintre Claude-Guy Hallé et de Marie Boutet. Nommé chevalier de Saint-Michel il obtint, en novembre 1776, des lettres d'anoblissement [4] et, l'année suivante, il se fit recevoir [5]. Il avait épousé (contrat du 2 février 1751, Boulard, notaire) Françoise-Geneviève Lorry [6]. En mourant, il laissa pour héritiers ses deux enfants : Jean-Noël Hallé, écuyer, docteur en médecine de la faculté de Paris, et Charlotte-Catherine-Geneviève Hallé, fille majeure [7]. Sa femme lui survécut et obtint une pension de 600 livres, en considération des services de son mari [8].

[1] *Almanachs royaux* de 1777 à 1791; l'*Almanach* de 1776 dit simplement : dessinateur à Lyon.
[2] Cf. JAL, *op. cit.*, p. 670, et F. VILLOT, *Notice des tableaux du Louvre*, 3ᵉ partie, École française, 3ᵉ édition, 1857. — Cf. aussi sur N. Hallé, qui fut en 1775 directeur intérimaire de l'Académie de France à Rome, le t. XIII de la *Correspondance des directeurs*, notamment p. 71-155, 169-177, 255-263, 418.
[3] Actes de baptême et de sépulture publiés par MM. HERLUISON, *op. cit.*, p. 171-172, et PIOT, *op. cit.*, p. 57.
[4] Lettres publiées par M. GUIFFREY, *op. cit.*, II, p. 237-238, n° VIII. Cf. *ibidem*, I, p. 39.
[5] *Almanachs royaux*, adresses dans l'*Almanach* de 1777 : cloître Saint-Benoît; dans ceux de 1779, 1780 et 1781 : rue Pierre-Sarazin.
[6] Analyse de ce contrat dans le Marquis DE GRANGES DE SURGÈRES, *op. cit.*, p. 185. L'analyse, telle que l'a donnée le Marquis de Surgères, pourrait laisser croire que N. Hallé était chevalier de Saint-Michel dès 1751 : il n'en est rien; notre confrère M. Maître a bien voulu vérifier pour nous ce point sur le document conservé dans les Archives de la Loire-Inférieure.
[7] Marquis DE GRANGES DE SURGÈRES, *op. cit.*, acte de notoriété du 13 juillet 1781 (Fieffé, notaire).
[8] Elle était fille de François Lorry, conseiller du Roi, docteur régent de la Faculté de droit de Paris, ancien avocat au Parlement, et de Marguerite-Madeleine de La Fosse (GUIFFREY, dans *Bulletin de la Société de l'Histoire de l'art*, 2ᵉ année, 1876, p. 67).

Règlement d'armoiries pour Noël Hallé.

Règlement d'armoiries par Antoine-Marie d'Hozier de Sérigny, juge d'armes de la noblesse de France, pour le Sʳ Noël Hallé, un des peintres du Roi et un des principaux officiers de l'Académie royale de peinture, anobli par lettres de novembre 1776. Paris, 4 avril 1777.

Un écu *d'azur à un chevron d'or surbrisé et accompagné de trois ailes d'argent, posées deux en chef et l'autre en pointe.* Le dit écu timbré d'un casque de profil, orné de ses lambrequins d'or, d'azur et d'argent.

(Bibl. nat., Nouv. d'Hozier, dossier Hallé, fol. 5, minute signée.)

CXII
SILVESTRE (FRANÇOIS-CHARLES DE)
(Janvier 1780)

Voir ci-dessus n° XCI.

CXIII
VIEN (JOSEPH-MARIE)
(Mars 1782)

Joseph-Marie Vien naquit à Montpellier, le 18 juin 1716; il était fils de Germain Vien, maître serrurier, et de Catherine Siminion. Il épousa à Paris, le 10 mai 1757, Marie-Thérèse Reboul, une de ses élèves ; il était, depuis 1754, membre de l'Académie de peinture et de sculpture, dont plus tard il devint recteur; quant à sa femme, elle fut reçue académicienne, comme peintre de miniatures, le 30 juillet 1757, peu de temps après son mariage [1]. Vien fut, de 1775 à 1781, directeur de l'Académie de France à Rome [2]. En 1775, il avait été admis dans l'ordre de Saint-Michel et autorisé à en porter le cordon et la croix; mais il ne se fit recevoir qu'en 1782 [3], après son retour de Rome. Il ne fut du reste anobli que par les lettres qui suivent et sont datées du mois de mars de cette année. Le retard dans l'obtention de ces lettres tint à ce que

---

[1] A. DE MONTAIGLON, *op. cit.*, t. VII, p. 41.

[2] Cf. A. DE MONTAIGLON et GUIFFREY, *op. cit.*, t. XIII et t. XIV (sous presse).

[3] *Almanachs nationaux.* Adresse dans ceux de 1778 à 1782 : à Rome ; de 1783 à 1791 : cour du Vieux-Louvre. — Cf. GUIFFREY, *op. cit.*, I, p. 38.

l'artiste demandait une diminution sur le droit du marc d'or [1]. Sous le premier Empire, Vien devint sénateur, commandant (sic) de la Légion d'honneur, membre de l'Institut, recteur et professeur des écoles spéciales de peinture et de sculpture, enfin comte de l'Empire et reçut de nouvelles armoiries [2]. Il mourut à Paris, 3, quai Malaquais, le 27 mars 1809 [3].

De son mariage, il avait eu trois enfants : Anne-Marie-Charlotte, baptisée le 8 mai 1758; Joseph-Marie, baptisé le 2 août 1762 [4] et Jeanne-Marie, baptisée le 5 septembre 1765 [5]. Joseph-Marie II, comte Vien, peintre de portraits et d'histoire, chevalier de la Légion d'honneur, fut inhumé au Père-Lachaise le 28 janvier 1848. Il avait épousé Rose-Céleste Bache, « membre de l'Académie royale de Bordeaux, de l'Académie de Vaucluse, de l'Athénée des arts, sciences et belles-lettres de Paris, de la Société d'émulation de Rouen, Sociétés savantes et littéraires de l'Eure, d'Indre-et-Loire, des Pyrénées-Orientales, etc., traducteur d'Anacréon et de Jean Second [6] ».

Lettres de noblesse pour Joseph-Marie Vien.

Louis .. La protection qu'à l'exemple des Rois nos prédécesseurs nous accordons aux Arts et aux talents nous a fait déjà distinguer, dans le nombre de ceux qui les professent, notre cher et bien amé le S⁺ Joseph-Marie Vien, ancien directeur de l'Académie de France à Rome ; ses talents sont connus dans toute l'Europe et ses tableaux d'histoire le feront toujours regarder comme l'un de nos premiers peintres. Son amour pour sa patrie lui a fait refuser les offres les plus avantageuses, de la part de plusieurs puissances étrangères. Le nombre de ses ouvrages et celui de ses

---

[1] Voir une lettre de Vien (1779) relative à cette question, dans *Nouvelles Archives de l'art français*, t. I, 1872, p. 378-380. — Cf. aussi GUIFFREY, *op. cit.*, I, p. 36-39.

[2] Voir ces armes dans SIMON, *Armorial de l'Empire français*, t. I, planche XXIV, et page 17; RIETSTAP, *op. cit*, 2ᵉ édition, t. II, p. 1000 ; et le Vicomte RÉVÉREND, *Armorial du premier Empire*.

[3] JAL, *op. cit.*, p. 1265-1266.

[4] Selon JAL, *op. cit.*; l'inscription mise sur son tombeau et relevée par M. JOUIN (voir ci-dessous) indique sa naissance en 1761.

[5] Pour cette dernière JAL, *op. cit.*, indique comme date 1755; il faut probablement voir là une faute d'impression et lire 1765.

[6] H. J[OUIN], *Épitaphes de peintres relevés dans les cimetières de Paris*, dans *Nouvelles Archives de l'art français*, 3ᵉ série, t. Iᵉʳ, Revue, 2ᵉ année, p. 79-80.

élèves sont également considérables. Après avoir remporté les premiers prix, tant à Paris qu'à Rome, il a été reçu recteur de notre Académie royale de peinture à Paris ; de là, il a été nommé associé honoraire de celle de Rome, directeur des élèves par nous protégés à Paris et ensuite directeur de l'Académie de France à Rome. Il a rempli successivement toutes ces places honorables avec tant de zèle et de distinction que nous nous sommes déterminé à l'admettre, au mois de septembre mil sept cent soixante-quinze, dans notre ordre de Saint-Michel et à lui permettre, au mois de décembre suivant, de se décorer provisoirement des marques extérieures de cet ordre. De retour maintenant dans notre Royaume, nous laisserions imparfaite la grâce, dont nous l'avons honoré, si nous n'y mettions le dernier sceau, en lui accordant la noblesse, qui lui devient nécessaire pour être reçu dans cet ordre.

A ces causes nous avons... annobli et... annoblissons le dit Sr Joseph-Marie Vien... Si donnons en mandement à nos amés et féaux conseillers les gens tenants notre Cour de Parlement, Chambre des comptes et Cour des aides à Paris, que ces présentes ils ayent à faire enregistrer...

Donné à Versailles, au mois de mars, l'an de grâce mil sept cent quatre-vingt-deux et de notre règne le huitième. Signé : LOUIS, et plus bas : Par le Roi : AMELOT.

(Bibl. nat., Nouv. d'Hozier, dossier Vien, fol. 2 ; copie.)

Règlement d'armoiries pour Vien.

Règlement d'armoiries par Antoine-Marie d'Hozier de Sérigny, juge d'armes de la noblesse de France, pour Joseph-Marie Vien, peintre, ancien directeur de l'Académie de France à Rome. Paris, 13 mars 1782.

Un écu *d'azur à une fasce d'argent, chargée de deux couronnes de laurier de sinople, posées l'une à côté de l'autre, liées ensemble de gueules ; la dite fasce accompagnée en chef de trois étoiles d'or et en pointe d'une lampe de même allumée de gueules.* Le dit écu timbré d'un casque de profil, orné de ses lambrequins d'azur, d'or, de gueules, d'argent et de sinople.

(*Ibidem*, fol. 3 ; minute signée.)

CXIV

DAUVERGNE (ANTOINE)
(Janvier 1786)

Antoine Dauvergne ou d'Auvergne, fils et élève d'un violoniste, naquit à Clermont-Ferrand, le 4 octobre 1713, et mourut à Lyon, le 12 février 1797 [1]. Les lettres de noblesse du mois de janvier 1786, qui sont publiées ici, retracent sa carrière jusqu'à cette date. La même année il fut reçu chevalier de Saint-Michel [2].

Lettres de noblesse pour Antoine d'Auvergne.

Louis... La protection, qu'à l'exemple des Rois nos prédécesseurs nous accordons aux Beaux-Arts, nous détermine à récompenser ceux de nos sujets, qui s'y sont le plus distingués par leurs talens et leurs travaux. De ce nombre est notre cher et bien amé le Sr Antoine d'Auvergne, attaché à notre service depuis quarante-six ans, d'abord comme l'un de nos musiciens, ensuite comme compositeur et maître de musique de notre Chambre, et, depuis vingt-trois ans, en qualité de sur-intendant de notre musique. Nous nous portons d'autant plus volontiers à lui faire éprouver les effets de notre bienfaisance, qu'il s'est rendu célèbre par un grand nombre d'ouvrages, qui ont eu le plus grand succès, et que d'ailleurs il s'est toujours comporté avec une honnêteté, un zèle et une intelligence rares, dans les parties dont la direction lui a été confiée, relativement soit à notre service personnel, soit à celui du public ; nous pensons d'après ces considérations qu'il est de notre justice de l'élever aux honneurs de la noblesse et qu'en lui accordant cette récompense, accordée à plusieurs de ses prédécesseurs dans la sur-intendance de notre musique et qu'il a si bien méritée lui-même, ce sera un nouveau motif d'encouragement pour ceux qui à l'avenir suivront la même carrière.

A ces causes... nous avons annobli et... annoblissons le dit Sieur Antoine d'Auvergne...

Donné à Versailles, au mois de janvier, l'an de grâce mil sept cent quatre-vingt-six et de notre règne le douzième. Signé : Louis, et plus bas : Par le Roy, le baron DE BRETEUIL.

(Bibl. nat., Nouveau d'Hozier, dossier Auvergne (d'), fol. 63 et 64 ; copie.)

Règlement d'armoiries pour A. d'Auvergne.

Règlement d'armoiries pour le dit A. d'Auvergne par A.-M. d'Hozier de Sérigny. Paris, 28 janvier 1786.

Un écu *d'azur à un chevron d'or, accompagné en chef de deux glands de même et en pointe d'une rose d'argent.* Le dit écu timbré d'un casque de profil, orné de ses lambrequins d'or, d'azur et d'argent.

(*Ibidem*, fol. 65 ; minute signée.)

---

[1] FÉTIS, *op. cit.*, t. II, p. 436; RIEMANN, *op. cit.*, p. 41.
[2] *Almanachs royaux.* Adresse : rue Saint-Nicaise.

CXV

Mathieu (Julien-Amable)
(Février 1788)

Julien-Amable Mathieu, fils aîné de Michel Mathieu, musicien du Roi, et de Jacqueline-Françoise Barbier, naquit à Versailles, le 1er février 1734[1]. Il était maître de musique de la Chapelle du Roi, quand il fut anobli par lettres données à Versailles, au mois de février 1788. Les seuls passages intéressants que contiennent ces lettres sont les suivants : « Attaché à notre service, depuis quarante-trois ans, d'abord en qualité de l'un de nos musiciens et, depuis dix-huit ans, dans celle de maître de musique de notre Chapelle... Les services que son père et sa mère nous ont rendus, pendant quarante ans, qu'ils ont été comme lui attachés à notre musique... [2] ». En la même année 1788, Mathieu fut reçu dans l'ordre de Saint-Michel[3]. Nous ignorons la date et le lieu de sa mort.

Règlement d'armoiries pour J.-A. Mathieu.

Règlement d'armoiries par Antoine-Marie d'Hozier de Sérigny pour Julien-Amable Mathieu. Paris, 23 février 1788.

Un écu *d'azur à trois épis de bled d'or*. Le dit écu timbré d'un casque de profil, orné de ses lambrequins d'or et d'azur.

(Bibl. nat., Nouv. d'Hozier, dossier Mathieu, fol. 17 ; minute signée.)

APPENDICE A.

Dans cet appendice on trouvera réunies les pièces relatives à l'anoblissement et à la réception dans l'ordre de Saint-Michel de cinq directeurs de diverses manufactures royales : Jean de Julienne, directeur des Gobelins ; Pierre Robert-de-Saint-Périeu, directeur de la manufacture d'armes de Saint-Étienne ; François Gondard, directeur des manufactures d'Aubenas ; Pierre de Launay des Landes, directeur de Saint-Gobain, et Antoine Regnier, directeur de Sèvres.

---

[1] Fétis, *op. cit.*, t. VI, p. 22.
[2] Bibl. nat., Nouv. d'Hozier, dossier Mathieu, fol 15 et 16 ; copie.
[3] *Almanachs royaux*.

CXVI

JULIENNE (JEAN DE)
Directeur des manufactures royales des Gobelins
(Septembre 1736)

Lettres de noblesse pour Jean Julienne.

Louis... Le désir, que nous avons toujours eu de faire fleurir le Commerce et les Arts, nous porte à donner des marques publiques de notre estime à ceux, qui par des talens extraordinaires et par une aplication suivie se sont rendus utils à l'Etat; le Sr Jean Julienne, entrepreneur des manufactures royales des draps fins et teintures en hautes couleurs, façon d'Angleterre et de Holande, en la personne duquel nous avons remis les deux établissemens, qui avaient été ci-devant formez par ses oncles, les a portés au plus haut degré de perfection. L'État a retiré, et retire tous les jours, des avantages considérables de l'étendue de ce commerce dans l'intérieur du Royaume et chez l'étranger; le dit Sr Julienne le conduit avec tant de zèle et de probité que nous avons cru devoir faire conoître la satisfaction, que nous en recevons, par des marques d'honneur qui passent à sa postérité; le soutien de ces manufactures nous a même toujours paru si digne de notre attention que, par nos lettres de réunion, nous avons permis au dit Sr Julienne de s'associer telles personnes qu'il jugeroit à propos, sans que sous pretexte de commerce elles pussent être censées avoir dérogé à la noblesse.

A ces causes... nous avons anobli et... anoblissons le Sr Jean Julienne...

Donné à Versailles, au mois de septembre, l'an de grâce mil sept cent trente-six et de notre règne le vingt-deuxième. Signé : LOUIS, et sur le repli : Par le Roy, PHELYPEAUX et SALLIER (?).

(Bibl. nat., Nouv. d'Hozier, dossier Julienne, fol. 2 et 3 ; copie.)

Règlement d'armoiries pour Jean Julienne.

Règlement d'armoiries par Louis-Pierre d'Hozier, juge général d'armes de France, pour le Sr Jean Julienne. Paris, 2 octobre 1736.

Un écu *d'azur à un chevron d'or, accompagné de trois tiges de julienne d'argent, fleuries de mesme, les tiges et les feuilles de sinople.* Cet écu timbré d'un casque de profil, orné de ses lambrequins d'azur, d'or, de sinople et d'argent [1].

(*Ibidem*, fol. 4; minute signée.)

---
[1] Les émaux et les couleurs diffèrent dans L. CLÉMENT DE RIS, *les Amateurs d'autrefois*, p. 294.

Réception de J. de Julienne dans l'ordre de Saint-Michel.

« Jean de Julienne (*sic*), directeur des manufactures royales des Gobelins », et secrétaire du Roi, est l'amateur bien connu ; il fut reçu dans l'ordre de Saint-Michel, le 29 janvier 1737 [1]. Né à Paris le 29 novembre 1686, il mourut le 20 mars 1766.

CXVII

Robert de Saint-Périeu (Pierre)

Directeur de la manufacture royale des armes de Saint-Étienne

(Octobre 1754)

Preuves de P. Robert de Saint-Périeu pour l'ordre de Saint-Michel.

Extrait des titres produits par Pierre Robert de Saint-Périeu, escuier, directeur de la fabrique et manufacture des armes pour le service des troupes du Roy dans la ville de Saint-Estienne-en-Foretz, nommé par Sa Majesté chevalier de son ordre de Saint-Michel, pour les preuves de sa noblesse et de ses âge et religion.

Devant... Messire Paul Galluccio de L'Hospital, marquis de Châteauneuf... commissaire député pour la vérification de ces preuves par lettres patentes du 21 aoust 1754.

ARMES

Écartelé : au 1 et 4, d'azur à un lion d'or, rempant contre un rocher d'argent mouvant du costé dextre et regardant un soleil d'or mouvant de l'angle dextre ; au 2 et 3, d'azur à un pal d'or, chargé d'une étoile d'argent.

Lettres patentes du Roy... à son cher et bien amé cousin Michel-Ferdinand d'Albert d'Ailly, duc de Chaulnes... et à son cher et bien amé Paul Galluci de L'Hospital, marquis de L'Hospital et de Châteauneuf... portent que son cher et bien amé Pierre Robert de Saint-Périeu, escuier, chef de la compagnie des fabriquans de ses armes en la ville de Saint-Estienne-en-Forest, Lui ayant marqué le désir d'être associé à son ordre de Saint-Michel, Elle s'est d'autant plus volontier déterminée à luy accorder cette grâce, qu'il est en état de faire les preuves requises par les statuts, et que d'ailleurs il a porté au plus haut degré de perfection la fabrication des

---

[1] Lemau de la Jaisse, *op. cit.*, 1re partie, p. 42. — Sur J. Julienne ou de Julienne, voir notamment : L. Clément de Ris, *les Amateurs d'autrefois* (1877), p. 287 et suiv. ; Mariette, *op. cit.*, t. III, p. 15-16.

armes destinées pour le service de Sa Majesté et celui de ses armées ; ces considérations jointes à la connoissance qu'Elle a des efforts qu'il a fait pour former et perfectionner d'excellens ouvriers en armes et pour les Lui conserver dans son Royaume et enfin le succès qui a suivi son application, son travail et ses soins L'ont engagé à le décorer d'un ordre, qui annonce l'estime qu'Elle fait de tous les talens qui concourent à l'avantage de son Royaume. A ces causes, elle les a commis pour examiner, sur le raport du Sr Clairambault, généalogiste de ses Ordres, les titres qui lui auront été remis par le même Sr de Saint-Périeu, tant pour les preuves de sa noblesse et de ses services, que de son âge et religion catholique, apostolique et Romaine... Ces lettres données à Versailles, le 21e jour d'aoust 1754, signées : Louis; et plus bas : Par le Roy, chef et souverain grand maître des ordres de Saint-Michel et du Saint-Esprit, PHELYPEAUX; à côsté : Visa, ARNAULD DE POMPONNE; et scellées du sceau et contresceau de l'ordre de Saint-Michel en cire blanche.

Instruction du Roy à M^{rs} le duc de Chaulnes et marquis de L'Hôpital... Versailles, le 21 aoust 1754...

Lettre du Roy à son cousin le duc de Chaulnes... ou en son absence à Mons. le marquis de L'Hospital... Versailles, 21 aoust 1754...

Lettre du Roy à Mons. de Saint-Périeu, directeur de la fabrique de ses armes à Saint-Estienne-en-Forest... Versailles, 21 aoust 1754...

1er DEGRÉ. *Pierre Robert de Saint-Périeu, escuier, nommé chevalier de Saint-Michel. D^e Marguerite Girard, sa femme.*

Mémoire des services de M. Robert de Saint-Périeu, portant que, comme successeur du Sr P. Girard, dès 1764, il fut en cette qualité mis à la tête des fabriquants d'armes, pour le service des troupes de Sa Majesté, dans la manufacture de Saint-Étienne; qu'alors il forma le projet d'agrandir le commerce et de perfectionner cette fabrique et que pour y parvenir, il s'attacha à ceux des anciens et principaux fabriquants de la Cour, qu'il crut les plus capables de le seconder, et forma avec eux la compagnie dont il est actuellement le chef. Son premier soin fut d'abord de seconder les vues sages de M. Devallière, directeur général des manufactures d'armes du Royaume, et d'écarter, en les suivant, tous les obstacles, qui pourroient s'opposer à la fabriquation des armes pour le service et l'exécution des ordres de la Cour; il eut à combattre la nature et les éléments, qui seuls pouvoient s'y opposer, mais il ne les regarda pas comme insurmontables, étant question du bien de l'État en général et de la fabrique de Saint-Étienne en particulier. En effet la ville de Saint-Étienne n'a d'autres ressources, pour faire mouvoir les virements ou usines nécessaires à la fabriquation des armes et autres objets de commerce, que la petite rivière de Furant, sur laquelle elle est située. Cette rivière, sujette au double inconvénient de la sécheresse et de la gelée, pendant plusieurs mois de l'année, a souvent empêché l'exécution des ordres de la Cour, pour la fabriquation des armes nécessaires aux troupes du Roy, et l'on a aussy souvent vu, malgré le nombre d'ouvriers que l'on augmentoit, tous les travaux, dont cette manufacture étoit chargée, absolument arrêtés dès qu'elle tarissoit ou qu'elle geloit. Dès lors le Sr de Saint-Périeu forma le projet de faire construire sur la Loire des virements, qui devenoient une ressource assurée pour la fabrique dans tous les tems de l'année ; et, à cet effet, ne consultant que le bien de l'État et sans considérer les dépenses auxquelles il s'engageait, il fit construire à Saint-Paul-en-Cornillon-sur-Loire [1], à deux lieues de Saint-Étienne, deux usines ou molières, des forges et des bâtiments suffisants pour remplir son objet. Cet établissement fut si utile à la fabrique de Saint-Étienne, qu'on y vit aussitôt une fabriquation continuelle et sans interruption, jusqu'à la fin de la guerre, qu'on a cessé de l'employer. Depuis la paix, la cessation presque entière de la fabriquation des armes pour les troupes du Roy ayant réduit les ouvriers de la fabrique de Saint-Étienne dans la situation la plus triste, on a vu le Sr de Saint-Périeu et sa compagnie s'attacher uniquement aux moyens de les conserver. Pour lors, il ne fut plus question d'augmenter la fabrique, il falloit seulement faire subsister des ouvriers habiles, intelligents et difficiles à former, en les employant ; on vit à cet effet les intéressés de cette compagnie aller dans les cours étrangères faire des traittés pour des fournitures d'armes, où leurs intérêts ont été moins consultés, que l'avantage d'employer et de conserver des ouvriers utiles à l'Etat. On les a vu, les bois propres à la fabriquation des armes commençant à manquer dans le Royaume, aller chez l'étranger faire des achapts considérables, sans autres avantages que le bien du service ; on les a vu enfin, toutes les ressources leur manquant pour employer leurs ouvriers, les aider de leurs propres fonds, pendant longtems et pour des sommes considérables, sans autres vues que la conservation de l'ouvrier et le bien du Royaume. La perfection des armes qui se fabriquent actuellement dans la ville de Saint-Étienne est sans contredit due aux soins et aux travaux de cette compagnie? Quelle peine n'a-t-elle pas eu pour le préjugé général que le public avoit contre les armes de cette fabrique? Que n'a-t-elle pas fait pour prouver que, sans rien emprunter d'aucun artiste, ny d'aucun ouvrier étranger, elle pouvoit exécuter à Saint-Étienne les ouvrages les plus recherchés, les plus rares et les mieux composés? En 1751, M. Rouillé, ministre et secrétaire d'État de la marine, ayant demandé au Sr de Saint-Périeu un fusil à trois coups, garni en or, il

---

[1] Saint-Paul-en-Cornillon, canton du Chambon, arrondissement de Saint-Étienne (Loire).

fut aisé de voir, par l'exécution de cette arme, la perfection avec laquelle les ouvriers de la fabrique de Saint-Étienne étoient capables de travailler, dès qu'ils étoient bien conduits. Le Sr de Saint-Périeu, chargé de la construction de cette arme, n'a rien oublié pour en prouver la progression ; on ne peut voir cette arme sans en être persuadé. Le onzième octobre 1752, M. Rouillé présenta au Roy ce fusil à trois canons et à une seule platine ; le Roy ordonna au Sr de Saint-Périeu de luy en démontrer le mécanisme et la construction ; cette arme eut le bonheur de plaire à Sa Majesté, luy faut-il d'autre éloge que l'approbation d'un si grand Roy ?

Contract de mariage du 18 octobre 1737 de M. Pierre Robert de Saint-Périeu, fils de Louis Robert, écuyer, conseiller du Roy, trésorier des chancelleries du Parlement de Pau et présidiaux de Navarre, subdélégué de M. l'intendant de Lyon dans le département du Bas-Lyonnais, demeurant à Condrieu [1], et de deffunte Dame Marie Paulin, avec D^{lle} Marguerite, fille de M. Pierre-François Girard, entrepreneur des armes pour le Roy en la ville de Saint-Estienne, et de deffunte D^e Marceline Chauvou, [par lequel le futur époux a donation entre vifs de son père de tous ses biens] [2]. Ce contrat passé à Saint-Estienne-en-Forêtz, controllé et insinué en cette ville et expédié au dit S^r donataire le 23 février 1742, signé : CREMOLLET, notaire royal, ROBENET, GIRAUD, etc.

Extrait des registres de l'église parroissiale de Condrieu, portant que Pierre Robert, né le 6 mars 1711, y fut baptisé le même jour, fils de M. Louis Robert, [procureur d'office de Condrieu], et de D^{lle} Marie Paulin, mariés, et que son parain a été M. Pierre Robert, [notaire royal, ancien procureur d'office du dit Condrieu], son ayeul, et sa maraine D^{lle} Marie Robert, délivré le 3 aoust 1753, signé : PEIRON, curé, et légalisé. Auquel est joint le :

Certificat du vicaire de la parroisse de Saint-Estienne-en-Forest, diocèse de Lyon, comme Messire Pierre Robert de Saint-Périeu, escuier et chef de la compagnie des fabriquans des armes de Sa Majesté de la dite ville, est de très bonnes mœurs, ayant toujours professé la foy de la religion catholique, apostolique et Romaine et s'étant toujours comporté comme un bon chrétien, du 20 juillet 1753, signé : STARON, vicaire, et légalisé.

IIe DEGRÉ. *Père et mère. Louis Robert, escuier, trésorier des chancelleries du Parlement de Pau et des présidiaux de Navarre. D^e Marie Paulin, sa femme.*

Provisions de l'office de conseiller du Roy, trésorier receveur et payeur alternatif et mitriennal des gages et augmentation de gages des officiers de la chancellerie établie près le Parlement de Pau et de celles des présidiaux

---

[1] Condrieu, chef-lieu de canton, arr. de Lyon (Rhône).
[2] Les mots entre crochets ici et au § suivant ont été effacés.

de son ressort, vacant par le décéds de feu Jean Guillet, accordées par Sa Majesté à son cher et bien amé Louis Robert, lieutenant en la jurisdiction de Condrieu, sur la nomination qui lui a été faite de sa personne par son très cher et très féal chevalier, garde des sceaux de France, le Sʳ Fleuriau d'Armenonville, commandeur de ses Ordres, et sur celle de la veuve et héritière testamentaire du dit feu Sʳ Guillet; pour par lui l'exercer et en jouir à titre de survivance, en payant la finance pour ce due, et aux honneurs, authoritez, prérogatives, privilèges, exemptions, gages et droits y apartenans, conformément à l'édit de création du mois de novembre 1707 ; jouir en outre de tous les privilèges dont jouissent les conseillers-secrétaires de Sa Majesté dans la dite chancellerie, leurs veuves et enfans nés et à naître en légitime mariage, nomément du privilège de noblesse et droit de committimus aux Requêtes du Palais du Parlement, etc. Ces lettres données à Paris, le 28 de juillet 1725, signées sur le reply : Par le Roy, DE SAINT-HILAIRE, et scellées du grand sceau en cire jaune. Avec son installation en la dite charge, après information de vie et mœurs par le président de la Cour des Monnoyes de Lion et lieutenant particulier du présidial de cette ville, le 13 novembre 1725, et prestation de serment, en vertu d'un arrest du Parlement de Pau, portant dispense au dit Sʳ Robert se faire recevoir à Pau, comme n'étant pas en estat de s'y rendre. A cela sont joints :

Les provisions de la même charge, après la mort du dit Sʳ Louis Robert, sur la présentation du Sʳ Pierre Robert de Saint-Perrieu, son fils, en faveur de Claude Veyre, avocat au Parlement, datées de Paris, le 25 septembre 1745, signées et scellées; et

L'Extrait mortuaire du dit Sʳ Louis Robert, portant que, le 23 juin 1745, il mourut, âgé de 78 ans, revêtu de la dite charge de trésorier de la chancellerie du Parlement de Pau, et fut inhumé dans sa chapelle dite du Saint-Sépulchre, en l'église de Condrieu. Cet extrait, délivré le 3 août 1753 par le curé de ce lieu, signé : PEÏRON, et légalisé.

Nous Paul Galluccio de L'Hospital, marquis de Châteauneuf-sur-Cher... veu et examiné... les titres produits par Pierre Robert de Saint-Périeu... lesquels titres nous avons trouvé suffisants pour les preuves requises par nostre commission, conformément à ce qui s'est jusqu'à présent pratiqué pour la réception des secrétaires du Roy et fils de secrétaires du Roy dans le dit ordre de Saint-Michel ; et, en conséquence nous l'avons jugé digne d'estre associé au dit ordre. En foy de quoy, nous avons signé les présentes, avec le dit Sʳ Clairambault, et y avons fait apposer le cachet de nos armes. A Versailles, le 1ᵉʳ jour du mois d'octobre mil sept cent cinquante quatre, signé : GALLUCCI L'HOSPITAL et CLAIRAMBAULT, et scellé du cachet de leurs armes.

Je Pierre Robert de Saint-Périeu... jure et promets... Pour seureté de quoy, j'engage ma foy et mon honneur, par le présent acte signé de ma main et scellé du cachet de mes armes. A... (*sic*).

(Bibl. nat., franç. 32962, anciennement Cabinet des titres n° 1127, fol. 333-339, minute non signée [1].)

CXVIII

Goudard (François)

Directeur des manufactures royales d'Aubenas

(Mars 1767)

Lettres de noblesse pour F. Goudard.

Nous... Parmi les différens objets entre lesquels nous [ne] cessons de partager nos soins, nous avons toujours cru devoir donner une attention particulière à tout ce qui peut contribuer au soutien des manufactures et à l'augmentation du commerce dans notre Royaume. Les titres d'honneurs, répandus avec choix et avec discernement sur ceux qui s'y distinguent le plus, nous paroissent le moyen le plus efficace pour exciter cette loüable émulation, qui peut seule les porter à leur perfection. C'est simplement dans cette vüe que nous sommes portés à conférer la noblesse à notre cher et bien amé le Sieur François Goudard, entrepreneur de trois manufactures royales à Aubenas.

Nous sommes instruits que, depuis près de quarante ans, il n'a pas discontinué de s'occuper à former des établissemens, dont l'utilité a été généralement reconnuë, non seulement dans notre Royaume, mais encore dans les pays étrangers ; que dans toutes ses entreprises, il a toujours été moins attentif à son intérêt particulier qu'au bien général du commerce et de l'État; que par un désintéressement, dont on voit peu d'exemples, il a sacrifié une partie de sa fortune pour former et soutenir des filatures, qui assurent dans les différentes paroisses, où il les a réparties, la subsistance d'un nombre très considérable d'ouvriers; que ses recherches laborieuses et éclairées l'ont conduit à plusieurs découvertes avantageuses au commerce et qui lui ont mérité des éloges, et même des récompenses, de la part des États de notre province de Languedoc. Nous savons d'ailleurs que, dans toutes les occasions, il a toujours été animé des sentimens qui caractérisent le véritable citoyen. Il nous en a particulièrement donné les preuves éclatantes, en acquérant lui-même, en mil sept cent soixante-deux, et en déterminant plusieurs

---

[1] P. Robert de Saint-Périeu dut mourir vers 1767 ; du moins son nom disparaît de la liste des chevaliers de Saint-Michel dans l'*Almanach royal* de 1768.

entrepreneurs de manufactures royales à acquérir avec lui quatre-vingt-douze actions de la tontine, que nous venions de créer en faveur des matelots, pour en gratifier un pareil nombre de matelots. Nous lui avons déjà donné des preuves honorables de notre satisfaction, en lui faisant présent d'une épée. Les nouveaux travaux ausquels il s'est livré, pour se montrer de plus en plus digne de cette première grâce, et les nouveaux succès, dont ils ont été suivis, nous ont enfin déterminés à lui accorder une marque encore plus distinguée de notre estime et de notre bienveillance.

A ces causes, nous avons... annobli et... annoblissons le dit Sieur François Goudard...

Donné à Versailles, au mois de mars, l'an de grâce mil sept cent soixante-sept et de notre règne le cinquante-deuxième. Signé : Louis, et plus bas : Par le Roy, Phelypeaux.

(Bibl. nat., Nouv. d'Hozier, dossier Goudard, fol. 2 et 3 ; copie.)

Règlement d'armoiries pour F. Goudard.

Règlement d'armoiries par Louis-Pierre d'Hozier, juge d'armes de la noblesse de France, pour le Sr François Goudard. Paris, 11 mai 1767.

Un écu *d'azur à un chevron d'argent, accompagné de trois fers de flèche de même, posés deux en chef et l'autre en pointe. Cet écu timbré d'un casque de profil, orné de ses lambrequins d'argent et d'azur.*

(Bibl. nat., *ibidem*, fol. 4, minute signée.)

Admission de F. Goudard dans l'ordre de Saint-Michel.

« M. Goudart (*sic*), directeur des manufactures d'Aubenas » [1], dut être admis dans l'ordre de Saint-Michel en 1769 ; mais il ne s'était pas encore fait recevoir en 1790 [1].

CXIX

De Launay des Landes (Pierre)
Directeur de la manufacture royale de Saint-Gobain
(Juillet 1773)

Règlement d'armoiries pour P. de Launay des Landes.

Règlement d'armoiries par Antoine-Marie d'Hozier de Sérigny, juge d'armes de la noblesse de France, pour le Sr Pierre de Launay des Landes, directeur général de la manufacture royale des glaces de Saint-Gobain,

---

[1] *Almanachs royaux* de 1770 à 1791, liste des chevaliers de Saint-Michel.

anobli par lettres patentes données à Compiègne en juillet 1773. Paris, 30 juillet 1773.

Un écu d'argent à deux bandes d'azur, et un chef d'or chargé d'une salamandre de sable, dans des flammes de gueules. Le dit écu timbré d'un casque de profil, orné de ses lambrequins d'azur, d'or, de gueules, d'argent et de sable.

(Bibl. nat., Nouveau d'Hozier, dossier Launay (de), fol. 108, minute signée.)

Réception dans l'ordre de Saint-Michel de P. Delaunay-Deslandes.

« M. Delaunay-Deslandes (*sic*), directeur général de la manufacture royale des glaces de Saint-Gobin, à Saint-Gobin en Picardie », fut reçu chevalier de Saint-Michel en 1775; son nom se trouve encore sur la liste publiée dans l'*Almanach royal* de 1791.

CXX

REGNIER (ANTOINE)
Directeur de la manufacture royale de Sèvres
(3 mars 1784)

Lettres accordant à A. Regnier les privilèges dont jouissent les conseillers-secrétaires honoraires du Roi.

Louis... à notre très cher et féal chevalier, garde des sceaux de France, le Sr Huë de Miromesnil, commandeur de nos Ordres, et à nos amés et féaux conseillers, les gens tenans notre Grand Conseil, salut.

Les services que nous rend depuis longtems le Sr Antoine Regnier, en qualité de directeur de notre manufacture royale de Sèves, et ceux qu'il nous a rendu pendant plus de vingt-cinq ans dans l'état et office de notre conseiller-secrétaire, Maison, Couronne de France en la chancélerie établie près de notre cour de Parlement de Grenoble, dont il a rempli les fonctions avec zèle et distinction, depuis le vingt octobre mil sept cent cinquante-huit, jour de sa réception au dit office, jusqu'au vingt-un janvier dernier que le Sr Yves-Louis Rollat y a été reçu en son lieu et place et sur sa résignation, nous engagent à donner au dit Sr Regnier des témoignages de la satisfaction que nous en avons, et nous croyons ne pouvoir le faire plus dignement qu'en lui conservant les privilèges et les avantages attachés à la dite charge et dont il jouissait avant sa démission.

A ces causes et autres considérations, nous avons permis et accordé au dit Sr Regnier et de notre grâce spéciale, pleine puissance et autorité royale, lui permettons et accordons, par ses présentes signées de notre main, voulons et nous plait que, nonobstant la résignation qu'il a fait du dit office, il puisse continuer de se dire et qualifier, en tous actes et en toutes occasions, notre conseiller-secrétaire, Maison, Couronne de France en la chancèlerie établie près notre cour de Parlement de Grenoble, et qu'en cette qualité il jouisse de tous les honneurs, autoritées, prérogatives, et prééminences, franchises, immunités, exemptions et privilèges, dont il a jouit ou dû jouir avant sa résignation, et dont jouissent ou doivent jouir nos autres conseillers-secrétaires honoraires, et qu'après son décès, sa veuve pendant sa viduité et ses enfans, nés ou à naître en légitime mariage, jouissent aussi des mêmes privilèges, dont jouissent les veuves et enfans de nos conseillers-secrétaires, sans toutes fois qu'ils puissent en vertu des présentes faire aucune fonction du dit office, ny prétendre aucuns gages, droits et émolumens y appartenants. Sy vous mandons... Car tel est notre plaisir.

Donné à Versailles, le troisième jour de mars, l'an de grâce mil sept cents quatre-vingt-quatre, de notre règne le dixième. Les dites lettres signées : Louis, et plus bas : Par le Roy-Dauphin, le maréchal DE SÉGUR, et scellées d'un grand sceau de cire rouge; enregistrées ès registres de l'Audience de France, le 12 mars 1784; en la Cour des Aides de Paris, le 7 mars 1785; au Grand Conseil, le 30 mars 1784.

(Bibl. nat., Nouv. d'Hozier, dossier Regnier, fol. 2 et 3, copie authentique.)

Règlement d'armoiries pour A. Regnier.

Règlement d'armoiries par Antoine-Marie d'Hozier de Sérigny, juge d'armes de la noblesse de France, pour le Sr Antoine Régnier, écuyer, directeur de la manufacture royale de Sève et conseiller-secrétaire du Roi, Maison et Couronne de France honoraire de la chancellerie établie près la cour de Parlement de Grenoble. Paris, 10 mars 1786.

Un écu *de gueules à deux bandes d'or, celle du dessus chargée de 3 roses aussi de gueules, et deux étoiles d'argent posées entre les deux bandes.* Le dit écu timbré d'un casque de profil, orné de ses lambrequins d'or, de gueules et d'argent.

En marge de la main de A.-M. d'Hozier de Sérigny : « Il vient d'être nommé chevalier de l'ordre de Saint-Michel. D'H. de Sér. 10 Mars 1786. »

(*Ibidem*, fol. 4, minute signée.)

Réception d'A. Regnier dans l'ordre de Saint-Michel.

A. Regnier, qui, comme le dit la note qui précède, avait été nommé chevalier de Saint-Michel du mois de mars 1786, se fit recevoir en cette même année. Son nom se trouve encore sur la liste publiée par l'*Almanach royal* de 1791.

APPENDICE B.

Ainsi que plusieurs des artistes, auxquels des articles ont été consacrés plus haut, les personnages suivants ont été anoblis par les ducs de Lorraine. Sauf un orfèvre, ce sont tous des musiciens, dont M. Jacquot a parlé dans ses *Anoblissements d'artistes lorrains*[1] et dans son *Essai de répertoire des artistes lorrains*[2]. Nous nous bornons à signaler leurs noms et la date de leurs lettres de noblesse, renvoyant aux travaux de M. Jacquot, où l'on trouvera indiquées leurs armoiries :

CXXI. POIREL (Jean), *dit* PIERRESSON, tambourin du roi, anobli en 1497 (t. IX, p. 119 et t. XXVII, p. 689).

CXXII. BOUVET (François), trompette du duc, anobli en 1501 (t. IX, p. 118 et t. XXVII, p. 689).

CXXIII. MITATTE ou MITTAT (Bertrand), organiste du duc, anobli en 1535 (t. IX, p. 120 et t. XXVII, p. 696).

CXXIV. SOLDAN (Guillaume), trompette du duc, anobli en 1543 (t. IX, p. 118-119 et t. XXVII, p. 689).

CXXV. BARBEREAU (Michel), *dit* ANGUEVILLE, chantre de la chapelle des ducs Antoine et François Ier, anobli par le duc Charles en 1553 (t. IX, p. 119-120; t. XXVII, p. 644).

CXXVI. BON (Ferry), orfèvre à Saint-Mihiel, anobli en 1556 par le duc Charles III (t. IX, p. 131).

CXXVII. VANEL ou VANNEL (Étienne), page de la musique du duc Charles IV, aurait été anobli par ce duc; en 1662, son fils, capitaine-lieutenant au régiment de Tornielle, fut confirmé dans sa noblesse par le même prince (t. IX, p. 122 et t. XXVII, p. 653).

CXXVIII. ROYER (Charles), intendant de la musique du duc Léopold, anobli en 1706 (t. IX, p. 121 et t. XXVII, p. 686).

CXXIX. MAGNY (Claude-Marc), maître de danse des enfants du duc Léopold, anobli en 1725 (t. IX, p. 121-122 et t. XXVII, p. 660).

---

[1] *Réunion des Sociétés des Beaux-Arts*, t. IX, 1885 (avec une planche représentant les blasons).
[2] *Ibidem*, t. XXVII, 1903.

CXXX. Greneteau (Jean), grand-maître des joueurs d'instruments de Lorraine et de Barrois, anobli en 1736 (t. IX, p. 120-121 et t. XXVII, p. 682).

APPENDICE C.

Nous avons réuni dans ce dernier appendice et classé dans l'ordre alphabétique diverses indications qui n'ont pas trouvé place plus haut. Les unes concernent des artistes, dont la famille était noble et qui n'ont, par conséquent, pas reçu de lettres de noblesse en récompense de leurs travaux; certaines sont relatives à des personnages qui ne touchent que de très loin à l'Art; d'autres, enfin, font présumer des anoblissements, que nous ne possédons pas, mais qu'il serait peut-être facile de retrouver, les circonstances, comme nous l'avons dit en tête de la première partie de cette étude, ne nous ayant pas permis de continuer les recherches commencées. Nous avons également fait dépouiller pour cet appendice l'*Armorial général* dressé en 1696 et années suivantes; mais, au moment de mettre sous presse, nous nous apercevons que ce dépouillement n'a pas été exécuté d'une façon complète.

CXXXI. Androuet du Cerceau (les) portaient : *d'azur à trois serpents d'or, chacun tourné en rond se mordant la queue, posés deux et un*[1].

CXXXII. Arripe (d'), secrétaire du roi, directeur général de la Monnaie à Pau, fut reçu dans l'ordre de Saint-Michel, en 1766; il est inscrit pour la dernière fois sur les listes dans l'*Almanach royal* de 1772[2].

CXXXIII. Beaubrun. Suzanne Roland, veuve de Henri de Beaubrun, peintre, et Catherine Tissu, veuve de Charles de Beaubrun, trésorier de l'Académie royale de peinture, firent inscrire leurs armes, ou plutôt celles de leurs maris à l'*Armorial général* de 1696 : *d'azur à un dauphin d'argent, couronné d'or, accom-*

---

[1] Bibl. nat., Cabinet de d'Hozier, dossier Androuet.
[2] Sur les d'Arripe, qui furent pendant plusieurs générations directeurs de la Monnaie de Pau, cf. G. Schlumberger et Blanchet, *Numismatique du Béarn*, t. I (1893), p. 39-40.

pagné en chef d'un soleil d'or à dextre et d'une pleine lune d'argent à senestre et en pointe d'une étoile d'or [1].

CXXXIV. BEAUCIRE OU BEAUSIRE (Jean), conseiller du Roi, maître général des Bâtiments du Roi, Ponts et Chaussées de France et maître des œuvres, contrôleur des bâtiments et garde des fontaines de la ville de Paris, porte : *d'azur à une ruche d'or, posée sur une terrasse de sinople et environnée de mouches à miel aussi d'or* (Armorial général de 1696) [2].

CXXXV. BOESSET. Cette famille, dont trois membres furent successivement surintendants de la musique du Roi, portait : *d'argent à un chevron de gueules, accompagné de trois demi-vols de sable*. Ces armes sont inscrites à l'*Armorial général* dressé en 1696 et années suivantes (*Paris*, t. II, p. 1035) sous le nom de [Claude]-Jean-Baptiste de Boisset (*sic*), *écuyer*, s. de Launay et Villedieu, qui, le 12 janvier 1695, s'était démis de la charge de surintendant de la musique en faveur de Michel Richard de La Lande [3].

CXXXVI. BRUANT (Libéral), architecte ordinaire des Bâtiments du Roi, *écuyer*, conseiller-secrétaire du Roi, Maison, Couronne de France et de ses finances, fit inscrire ses armoiries dans l'*Armorial général* dressé en 1696 et années suivantes : *d'or à un chevron d'azur, accompagné en chef de deux glands de sinople, et en pointe d'un arbre de même, soutenu d'un croissant de gueules, l'arbre chargé d'un oiseau d'argent* (probablement un bruant, sorte de passereau) [4].

CXXXVII. CALLOT (Jacques), graveur célèbre, était petit-fils de Claude Callot, archer du duc de Lorraine Charles III, qui avait été anobli par ce prince, le 30 juillet 1584; Claude avait reçu les armes suivantes : *d'azur à cinq étoiles péries et passées en sautoir* [5].

---

[1] Bibl. nat., *Paris*, t. II, p. 128 et 251.
[2] *Ibidem*, p. 586 et blasons coloriés, *Paris*, t. II, p. 1377.
[3] JAL, *op. cit.*, p. 234-235, et HERVÉ, *Les Boësset, surintendants de la musique de Louis XIII et de Louis XIV*, dans *Réunion des Sociétés des Beaux-Arts*, t. XII, 1888, p. 313-336.
[4] *Paris*, t. II, p. 511; cf. JAL, *op. cit.*, p. 287.
[5] Lettres publiées par MEAUME, dans Anciennes *Archives de l'art français*, t. III, *Documents*, t. II, p. 232-234.

CXXXVIII. Chaligny (Pierre), ingénieur du duc Charles IV de Lorraine. Son nom a été omis par erreur dans la première partie de ce travail; il appartenait à une famille de fondeurs lorrains. Il fut anobli le 17 novembre 1659 et mourut le 9 mars 1695. Ses armes sont : *de gueules à deux canons d'or en sautoir, issant de chacun d'iceux un boulet de même* [1].

CXXXIX. Cotte (Robert de), architecte ordinaire des Bâtimenss du Roi, porte : *d'argent à deux fasces de gueules, chargées de quatre trèfles d'or, trois sur la première, un sur la seconde, et un chef d'azur, chargé d'un aigle d'or* (*Armorial général* de 1696) [2].

CXL. Coypel. Antoine Coypel, peintre ordinaire du Roi et de S. A. R. Monsieur, et Noël Coypel, peintre ordinaire du Roi, directeur de son Académie royale de peinture et de sculpture, portent : *d'azur à une ancre d'argent posée en pal, la strangue entortillée d'un serpent contourné de sinople, et un chef de gueules chargé d'une colombe d'argent, portant en son bec un rameau de sinople* (*Armorial général* de 1696) [3].

CXLI. Delorme ou de L'Orme (Philibert), architecte. Cf. ci-dessus : Introduction de la première partie.

CXLII. Desportes (François), peintre, porte : *d'azur à une fasce d'or, accompagnée en chef de deux dés d'argent ponctués de sable et en pointe d'une porte aussi d'argent maçonnée de sable* (*Armorial général* de 1696) [4].

CXLIII. Dumelle (Pierre), peintre, porte : *d'azur à une fasce d'argent, chargée d'une rose de gueules, accostée de deux abeilles de sable, accompagnée en chef d'un soleil d'or et en pointe d'une ruche de même chargée en pointe d'une abeille de sable* (*Armorial général* de 1696) [5].

---

[1] Jacquot, *Anoblissements d'artistes lorrains*, dans *Réunion des Sociétés des Beaux-Arts*, t. IX, 1885, p. 132.

[2] Bibl. nat., *Paris*, t. II, p. 226 et blasons coloriés, *Paris*, t. II, p. 1320. — Ces armoiries présentent une légère différence avec celles qui furent réglées par Ch. d'Hozier après l'anoblissement de Robert de Cotte en 1702. (Cf. ci-dessus, 1re partie, n° VI.)

[3] *Ibid.*, t. I, p. 260, et blasons coloriés, *Paris*, t. Ier, p. 545. — Cf. ci-dessus n° LXXXII.

[4] *Ibid.*, t. I, p. 1244, et blasons coloriés, *Paris*, t. Ier, p. 546.

[5] *Ibid.*, t. I, p. 660, et blasons coloriés, *Paris*, t. Ier, p. 546.

CXLIV. Ernou (Le chevalier). Le peintre qui se qualifiait ainsi en 1720 est, croit-on, originaire de Saumur. Il était chevalier de l'ordre du Christ de Portugal [1].

CXLV. Félibien (Jean-François), écuyer, seigneur des Avaux, conseiller et historiographe du Roi et de ses Bâtiments, Arts et Manufactures. Cf. ci-dessus : Introduction de la première partie.

CXLVI. Friquet de Vauroze (Jacques), peintre ordinaire des Bâtiments du Roi, professeur en son Académie royale de peinture et de sculpture, porte : *d'argent à un friquet volant au naturel et un chef d'azur chargé de deux roses d'or (Armorial général de 1696)* [2].

CXLVII. Girardon (François) aurait été qualifié « sculpteur ordinaire du Roy, chevalier et recteur de l'Académie royale de peinture et de sculpture » dans son acte de décès du 1ᵉʳ septembre 1715, qui est aujourd'hui détruit [3]. Il est probable que ce texte a été lu inexactement et qu'il y avait dans l'original *chancelier* et recteur. Les armes suivantes sont inscrites à l'*Armorial général* de 1696 (*Paris,* t. I, p. 378) : « François Girardon, chancelier et recteur de l'Académie de peinture et de sculpture, porte : *d'azur à un saule arraché d'or, le tronc acosté de deux croissans d'argent* [4]. »

CXLVIII. Guiard (Laurent), premier sculpteur du duc de Parme. Cet artiste ne reçut pas l'ordre de Saint-Michel, malgré le désir qu'il en avait. Il écrivait, en 1786, à un ministre du duc de Parme, en s'excusant de ne pas se rendre à Parme pour la remise du grand cordon du Saint-Esprit, qui devait être faite à son souverain : « Je ne peut me trouver à Parme crainte d'estre deshonorée par les seigneurs François quil y viendron pour cette scérémonie, m'y

---

[1] Port, *Artistes angevins,* p. 109 ; A. de Montaiglon, *Nouvelles Archives de l'art français,* 3ᵉ série, t. I, *Revue,* 2ᵉ année, 1885, p. 70 et 106-107 ; N. Rondot, *les Peintres de Lyon,* dans *Réunion des Sociétés des Beaux-Arts,* t. XI, 1887, p. 558 ; J. Denais, *le Musée diocésain d'Angers, ibid.,* t. XIX, 1895, p. 223.
[2] *Paris,* t. II, p. 1032 et blasons coloriés, *Paris,* t. Iᵉʳ, p. 545.
[3] Herluison, *op. cit.,* p. 157 et Piot, *op. cit.,* p. 52-53.
[4] Blasons coloriés, *Paris,* t. Iᵉʳ, p. 547.

voyant sans a voir le cordon de St Michel; je passeray pour un mauvais sujets né tant muny de cette récompence [1] ».

CXLIX. Héraut (Charles), peintre ordinaire du Roi, conseiller en l'Académie de peinture et de sculpture, porte : *d'azur à une colombe d'argent sur ses pieds, tenant en son bec un rameau d'or* (*Armorial général* de 1696) [2].

CL. Herbet (Michel), architecte expert juré du Roi en titre d'office, porte : *d'or à un chevron d'azur, accompagné en chef de deux mouches à miel de sable et en pointe d'un arbre de sinople* (*Armorial général* de 1696) [3].

CLI. Hurtrel (Simon), sculpteur du Roi, porte : *coupé, au premier, d'or à une hure de sanglier arrachée de sable; au deuxième, d'azur à un lion passant d'or* (*Armorial général* de 1696) [4].

CLII. La Tour du Ménil (Georges et non Claude de) ou Du Ménil de la Tour, peintre, mort à Lunéville le 30 janvier 1652, fut anobli par le duc de Lorraine. Il portait : *d'azur à une tour d'argent maçonnée de sable* [5].

CLIII. Le Brun (Barthélemy), peintre du duc de Lorraine Charles III, fut anobli par ce souverain, comme nous l'apprennent les lettres de noblesse accordées, en 1706, à son arrière-petit-fils Nicolas Dupuis [6].

CLIV. Le Maistre (Pierre), architecte et entrepreneur des Bâtiments du Roi, porte : *d'azur à un chevron d'argent, accompagné de trois étoiles de même en chef, et en pointe d'un bouquet de violettes au naturel* (*Armorial général* de 1696) [7].

---

[1] A. Roserot, *Laurent Guiard...* (1723-1788), dans *Réunion des Sociétés des Beaux-Arts*, t. XXV, 1901, p. 392 (tirage à part, p. 27).

[2] Bibl. nat., *Paris*, t. Ier, p. 1342 et blasons coloriés, *Paris*, t. Ier, p. 546.

[3] *Ibid.*, *Paris*, t. Ier, p. 127, sous le nom de Michel Herbert, et blasons coloriés, *Paris*, t. II, p. 1380.

[4] *Ibid.*, *Paris*, t. Ier, p. 668-669, et blasons coloriés, *Paris*, t. I, p. 547.

[5] Jacquot, dans *Réunion des Sociétés des Beaux-Arts*, t. IX, p. 126, et t. XXIII, p. 493-494.

[6] *Idem*, dans *Réunion des Beaux-Arts*, t. IX, p. 125 et t. XXIII, p. 411; cf. sur Nicolas Dupuis, ci-dessus, n° LXXXI.

[7] Bibl. nat., *Paris*, t. II, p. 892, et blasons coloriés, *Paris*, t. II, p. 1377.

CLV. Lescot (Pierre), le célèbre architecte, mort en 1578, portait : *écartelé, aux 1 et 4, de sable à une tête et col de chevreuil d'argent, accorné d'or,* qui est Lescot de Lissy ; *aux 2 et 3, de... à trois petits pots de... posés 2 et 1, à la bordure de gueules,* qui est probablement Dauvet de Clagny[1].

CLVI. L'Espine (Nicolas de), ou Delespine, ci-devant général des Bâtiments du Roi, porte : *d'azur à une gerbe d'or, surmontée d'une fasce d'argent, chargée de trois roses de gueules* (*Armorial général* de 1696)[2].

CLVII. L'Espine (Nicolas de) ou Delespine, architecte bourgeois de Paris, porte : *de gueules au chevron d'or, accompagné de trois roses d'argent tigées et feuillées de sinople* (*Armorial général* de 1696)[3].

CLVIII. Loutherbourg (Philippe-Jacques), peintre du Roi et de son Académie de peinture et de sculpture, associé à celle de Marseille, né à Strasbourg en 1740, mort près de Londres en 1812, porte : *d'azur à un loup issant d'un mont à trois coupeaux de sinople ;* l'écu timbré d'un casque de profil, surmonté d'un loup issant[4].

CLIX. Lully (Jean-Baptiste), surintendant de la musique de la Chambre du Roi, est qualifié dans divers actes, compris entre 1682 et sa mort en 1687, écuyer, conseiller-secrétaire du Roi, Maison, Couronne de France et de ses finances[5]. Sa veuve Madeleine Lambert fit inscrire les armes de son mari à l'*Armorial général* dressé en 1696 et années suivantes : *d'azur à une épée d'argent, la pointe en bas, la garde d'or, tortillée à la pointe par une couleuvre d'argent, languée de gueules, et une bande d'argent, chargée de deux quintefeuilles de gueules, brochant sur le tout*[6].

---

[1] Guiffrey, dans *Nouvelles Archives de l'art français*, 3ᵉ série, t. VIII. *Revue*, 9ᵉ année, 1892, p. 132.

[2] Bibl. nat., *Paris*, t. II, p. 717 et blasons coloriés, *Paris*, t. II, p. 1377.

[3] *Ibid.*, p. 838, et blasons coloriés, *Paris*, t. II, p. 1377.

[4] Ces armes sont gravées au bas de l'*Agneau chéri* (P.-J. de Loutherbourg pinxit, J.-J. Laveau sculpsit). — Renseignement dû à l'obligeance de notre confrère M. J. de Croÿ.

[5] Bibl. nat., Pièces originales, vol. 1774, dossier 41014, notamment les pièces 11, 12, 13, 18, 19 et 20.

[6] *Paris*, t. II, p. 849 ; voir aux Pièces originales, *loc. cit.*, n° 50, la feuille

CLX. Mathieu (Jean-Adam), peintre du Roi en émail, est qualifié écuyer dans l'acte d'apposition des scellés fait le jour de sa mort, 8 juin 1753. Mathieu était né à Stralsund en Poméranie et n'avait pas été naturalisé [1].

CLXI. Mathieu (Jean-Léonard-Joseph), entrepreneur des mines de charbon de terre à Anzin, fut anobli par lettres données à Versailles, au mois de mars 1789. Il reçut pour armes : *de gueules à un chevron d'or, accompagné de trois croissants d'argent* [2].

CLXII. Mavelot (Charles), bourgeois de Paris, graveur ordinaire de Mademoiselle et de S. A. R. Monseigneur le Duc du Maine, porte : *d'azur à un chevron d'or, chargé de trois macles de sable, accompagné en chef de deux étoiles d'argent et en pointe d'une rose de même* (Armorial général de 1696) [3].

CLXIII. Mazières (Jacques), architecte expert, bourgeois de Paris, porte : *d'azur à un chevron d'or, accompagné en chef de deux étoiles d'argent et en pointe de trois bisets* [4] *de même, posés 1 et 2* (Armorial général de 1696) [5].

CLXIV. Morat (Pierre), directeur des pompes du Roi, fut anobli par lettres du mois de février 1773, où il est dit qu' « il se livra, dès sa plus tendre jeunesse, à l'étude de la mécanique » et qu'il réforma et simplifia « le mécanisme des pompes qu'on employoit auparavant dans les incendies ». Il portait : *d'argent à une bande*

déclarative des armoiries où il est dit que ces armes sont celles de feu M. de Lully. — Cf. dans l'*Armorial général*, Paris, t. II, p. 376 et de nouveau p. 430-431, les armes d'Hilaire de Lully, veuve de Jacques Du Moulin, écuyer, secrétaire du Roi, greffier en chef de la Cour des Aides, et Paris, t. III, p. 59-60, celles de Catherine-Madeleine Lully, femme de Jean-Nicolas de Franchini, maître-d'hôtel du Roi : la poignée de l'épée est d'or, comme la garde ; le serpent est indiqué de sinople, la tête en bas ; la bande est d'or et chargée en ses extrémités de deux roses de gueules (Blasons coloriés, Paris, t. Ier, p. 501, t. II, p. 1471). — Comparer les armes indiquées par Rietstap, 2e édition, t. II, p. 111.

[1] Guiffrey, *Scellés et inventaires d'artistes*, 2e partie, p. 167-169.
[2] Lettres publiées par M. A. de Barthélemy, dans la *Correspondance historique et archéologique*, 3e année, 1896, p. 289-291, d'après les Archives nationales. Une copie de ces lettres et la minute du règlement d'armoiries se trouvent à la Bibl. nat., Nouveau d'Hozier, dossier Mathieu, fol. 18-26.
[3] Bibl. nat., Paris, t. Ier, p. 1149, et blasons coloriés, Paris, t. Ier, p. 548.
[4] Sorte de pigeon sauvage.
[5] Bibl. nat., Paris, t. II, p. 861, et blasons coloriés, Paris, t. II, p. 1378.

de gueules, accompagnée en chef de trois trèfles de sinople et en pointe d'une branche de laurier de même [1].

Morat fut reçu dans l'ordre de Saint-Michel en 1775 [2]; il est encore indiqué comme directeur général des pompes dans l'*Almanach national* de 1793.

CLXV. Nérot (Claude), secrétaire du Roi, garde général des meubles de la Couronne, fut reçu dans l'ordre de Saint-Michel, le 28 juin 1736 [3].

CLXVI. Neufmaison (Pierre de), directeur des ouvrages de la Chine pour le Roi aux Gobelins, est qualifié chevalier de l'ordre de Saint-Jean-de-Latran, comte palatin, porte-épée de parement de la couronne de Sa Majesté très chrétienne, dans le contrat de son second mariage avec Marie-Jeanne Lefèvre, 20 octobre 1733 [4].

CLXVII. Orbay (François d') ou Dorbay, architecte des Bâtiments du Roi et de son Académie royale d'architecture, porte : *d'azur à un chevron d'argent, accompagné de trois équerres de même, et un chef aussi d'argent, chargé d'un carré d'azur acôté de deux tourteaux de même* (*Armorial général* de 1696) [5].

CLXVIII. Paul. Madeleine Foussard, veuve de [Jean] Paul, peintre du Roi, porte : *d'azur à trois chevrons d'or, accompagnés en pointe d'un lion passant de même* (*Armorial général* de 1696) [6].

CLXIX. Perrault (Charles), de l'Académie française, ci-devant contrôleur général des Bâtiments du Roi, Arts et Manufactures de France, et Marie Guichon, sa femme, portent : *d'or à un écusson*

---

[1] Copie des lettres de noblesse et minute du règlement d'armoiries, dans le Nouveau d'Hozier, dossier Morat, fol. 2-5.

[2] *Almanachs royaux*.

[3] Lemau de la Jaisse, *op. cit.*, 1re partie, p. 42.

[4] Marquis de Granges de Surgères, *op. cit.*, p. 157. Cf. aussi, *ibidem*, son Inventaire après décès, 13 juin 1752, et Guiffrey, *Scellés*, 2e partie, p. 140-142, 27 avril 1752. Voir également Guiffrey dans *Nouv. Arch. de l'art français*, 3e série, t. XIII, *Revue*, 14e année, 1897, p. 52-53.

[5] Bibl. nat., *Paris*, t. Ier, p. 1327, et blasons coloriés, *Paris*, t. II, p. 1379. — Voir ci-dessus, première partie, n° XVI, les armes différentes qui furent réglées, en 1738, par L.-P. d'Hozier, pour Nicolas d'Orbay, neveu de François.

[6] Bibl. nat., *Paris*, t. II, p. 617 et blasons coloriés, *Paris*, t. Ier, p. 545.

d'azur, surchargé d'un écusson d'argent; accolé *d'azur à une licorne d'argent* (*Armorial général* de 1696)[1].

CLXX. Peters (Jean-Antoine de), peintre du roi de Danemark, époux d'Élisabeth-Marie Gouel de Villebrune, est dit écuyer en 1780[2].

CLXXI. Petit (Louis), ci-devant contrôleur général des Bâtiments du Roi à Saint-Germain-en-Laye, Marly et la Machine, gentilhomme servant de feu Mgr le Prince de Condé, et Antoine Petit, contrôleur des Bâtiments du Roi, portent : *écartelé, aux 1 et 4, d'azur à une colombe d'argent; aux 2 et 3, d'or à trois serpents de sinople vibrés, mis en pal* (*Armorial général* de 1696)[3].

CLXXII. Poerson (Charles) et son fils Charles-François, tous deux peintres, portaient : *d'azur au sautoir d'or, accompagné de trois montagnettes d'argent,* en vertu des lettres de noblesse accordées en 1588, par le cardinal Charles de Lorraine, évêque de Metz, à leur père et aïeul André Poërson, procureur général de l'évêché de Metz à Vic[4]. Charles-François Poërson, décédé en 1725, fut directeur de l'Académie de France à Rome; son épitaphe le qualifie : chevalier de l'ordre de Notre-Dame-du-Mont-Carmel et de Saint-Lazare[5].

CLXXIII. Quillerier (Noël), peintre ordinaire du Roi, portait : *de... au lion de... armé et lampassé de... au chef de... chargé de trois colombes affrontées de...;* l'écu surmonté d'un casque de profil orné de ses lambrequins[6]. Quillerier n'est pas qualifié écuyer dans son acte d'inhumation (4 avril 1669) publié par

---

[1] Bibl. nat., *Paris*, t. Ier, p. 1239 et blasons coloriés, *Paris*, t. Ier, p. 524.
[2] Marquis de Granges de Surgères, *op. cit.*, p. 164-165.
[3] Bibl. nat., *Paris*, t. II, p. 978 et blasons coloriés, *Paris*, t. II, p. 1379.
[4] Jacquot, *Essai de répertoire des artistes lorrains,* dans *Réunion des Sociétés des Beaux-Arts des départements,* t. XXIII, 1899, p. 481-482.
[5] Voir cette épitaphe publiée par Ph. de Chennevières, dans *Anciennes Archives de l'art français,* t. IX, *Documents,* t. V, p. 32-33 et par A. de Montaiglon et Guiffrey, dans *Correspondance des directeurs de l'Académie de France à Rome,* t. VII, p. 205.
[6] Jeton du Cabinet des médailles de la Bibliothèque nationale, qui nous a été

Jal; mais il est dit peintre et valet de chambre du Roi dans l'acte de naissance de sa fille Marguerite en 1640, acte cité par le même auteur[1].

CLXXIV. ROBERT (Michel), maître de forges à Ruffec, fut anobli par lettres patentes données à Versailles en juin 1759, signées : « LOUIS », et : « Par le Roi, PHELYPEAUX ». Il reçut pour armes : *d'azur à trois bombes d'or, enflammées de gueules, posées deux et une*[2].

CLXXV. ROCHEFORT (Pierre DE), graveur de l'Académie de Portugal. Une lettre de lui datée de Lisbonne, 1728, porte un cachet armorié de cire rouge : *d'azur à un lion de..... sur des rochers et tenant dans ses pattes un faisceau de licteur*[3]. Nous avons peut-être là les armoiries de l'artiste.

CLXXVI. SERVANDONY (Jean-Nicolas) prend le titre de chevalier de l'ordre de Saint-Jean-de-Latran, architecte et peintre du Roi, dans l'acte de sépulture de son fils Claude-Jérôme, le 22 octobre 1734. A sa mort, arrivée le 19 janvier 1766, il est qualifié : chevalier de l'ordre sacré et militaire du Christ, architecte du Roi et de son Académie, décorateur de Sa Majesté Polonaise[4].

CLXXVII. TILLET (Mathieu), de l'Académie royale des sciences, commissaire du Roi pour les essais et affinages de ses monnaies,

signalé par notre ami M. le comte Ch. de Beaumont; l'écu est entouré d'une légende en capitales ainsi conçue :
NOEL . QVILLERIER . PEINTRE . ORDINAIRE . DV . ROY.
Au revers se voit une Foi sortant des nuages et tenant des palmes, avec deux colombes affrontées posées sur chacune des mains; autour on lit la devise :
VBI FIDES IBI AMOR
et à l'exergue la date : 1637 entre deux points.

[1] Cf. ausssi H. H[ERLUISON], *Artistes orléanais*, Orléans, 1863, p. 47-48 et p. 117-119, et H. HERLUISON, *Actes d'état civil d'artistes français*, Paris et Orléans, 1873, p. 367-369.

[2] Bibl. nat., Nouveau d'Hozier, dossier Robert, fol. 6, minute signée du règlement d'armoiries en date du 6 septembre 1759.

[3] Louis DE GRANDMAISON, dans *Nouvelles Archives de l'art français*, 3e série, t. VIII, 1892, 9e année de la *Revue*, p. 95.

[4] JAL, *op. cit.*, p. 1125-1126. — Consulter sur Jean-Nicolas et son fils Jean-Adrien-Claude, J.-J. G[UIFFREY], dans *Nouvelles Archives de l'art français*, 3e série, t. IV, *Revue*, 5e année, 1888, p. 262-267.

fut reçu dans l'ordre de Saint-Michel, en 1773 ; son nom paraît encore sur la liste des chevaliers donnée par l'*Almanach royal* de 1791. Tillet portait : *d'azur à trois épis de blé d'or, posés deux et un, tigés et feuillés de même*. Il avait été anobli par lettres du mois de novembre 1771. Il était fils de Gabriel Tillet, orfèvre, et de Marie Renard ; né le 11 novembre 1714, il avait été baptisé le 13 à Saint-André de Bordeaux [1].

CLXXVIII. Tocqué (Louis), peintre du Roi en son Académie de peinture et de sculpture, époux de Marie-Catherine-Pauline Nattier, fille du peintre du Roi Jean-Marc, est qualifié écuyer en 1767 [2]. Il mourut à Paris, le 10 février 1772 ; dans son acte de sépulture, il n'est pas dit écuyer, mais seulement « conseiller peintre du Roy et associé de l'Académie royale de Danemarck [3] ».

CLXXIX. Tortebat (François), conseiller et peintre ordinaire du Roi en son Académie de peinture et de sculpture, décédé à Paris le 4 juin 1690, porte : *de gueules à une barre d'or, chargée de trois étoiles de…* ; l'écu timbré d'un casque de fasce, orné de ses lambrequins [4].

CLXXX. Tricot (Claude), conseiller du Roi, général des Bâtiments de Sa Majesté, Ponts et Chaussées de France, porte : *d'azur à un chevron dentelé d'argent, accompagné de trois coqs de même, deux en chef et un en pointe* (*Armorial général* de 1696) [5].

CLXXXI. Tristan (Joseph ou Josse), maître peintre sculpteur, bourgeois de Paris, porte : *d'azur à un chevron d'or, surmonté d'un coq de même crêté et barbé de gueules, accompagné en chef*

---

[1] Voir les preuves pour son admission dans l'ordre de Saint-Michel (Bibl. nat., franç. 32962, anciennement Cabinet des titres n° 1127, fol. 202-203). Les lettres d'anoblissement, analysées longuement dans ces preuves, résument toute la carrière de Tillet jusqu'en 1771.

[2] Marquis de Granges de Surgères, *op. cit.*, p. 156. — Voir sur ce peintre, Dussieux, *les Artistes français à l'étranger*.

[3] Herluison, *op. cit.*, p. 428 ; Piot, *op. cit.*, p. 120.

[4] Ces armes se voient au bas d'un portrait de Tortebat « peint par M. de Pille, gravé par le chevalier Edelinck », qui nous a été signalé par M. J. de Croÿ.

[5] Bibl. nat., *Paris*, t. II, p. 585, et blasons coloriés, *Paris*, t. II, p. 1378.

de deux écussons d'argent et en pointe d'une rose de même tigée et feuillée d'or (Armorial général de 1696) [1].

CLXXXII. VOLAIRE (Pierre-Jacques), peintre, fils et petit-fils de peintres, né à Toulon, le 30 avril 1729, mort à Naples à la fin du dix-huitième siècle, est connu sous le nom du chevalier Volaire; il dut obtenir ce titre pendant ses séjours en Italie [2].

CLXXXIII. WOERIOT ou WIRIOT. Sur les armes de cette famille qui a donné à la Lorraine des orfèvres et des graveurs, voir ce que dit M. Jacquot [3].

CLXXXIV. ZÈGRE (DE). Gabriel DE ZÈGRE, entrepreneur des fortifications du Hainault, et Nicolas DE ZÈGRE, marbrier ordinaire de S. A. R. Monsieur, portent : *d'azur à un chevron d'or, accompagné de trois aigrettes* [4] *d'argent* (pour Gabriel), *d'or* (pour Nicolas) (*Armorial général* de 1696) [5].

---

[1] Bibl. nat., *Paris,* t. II, p. 461-462; blasons coloriés, *Paris,* t. I, p. 547.

[2] Ch. GINOUX, *le Chevalier Volaire et les autres peintres toulonnais de ce nom,* dans *Réunion des Sociétés des Beaux-Arts,* t. XVII, 1893, p. 262-279.

[3] *Anoblissements d'artistes lorrains,* dans *Réunion des Sociétés des Beaux-Arts des départements,* t. IX, 1885, p. 131-132, et surtout *les Wiriot-Woeriot, orfèvres-graveurs lorrains, ibidem,* t. XV, 1891, p. 184-232, notamment p. 187, 192-193 et 201-202.

[4] Espèce d'oiseau.

[5] Bibl. nat., *Paris,* t. II, p. 805; blasons coloriés, *Paris,* t. II, p. 1379.

TABLE DES NOMS[1]

Androuet du Cerceau (les), *B*, CXXXI.
Angueville (Michel Barbereau, dit), *B*, CXXV.
Arripe (d'), *B*, CXXXII.
Artezé (Fr. Le Royer de La Sauvagère d'), *A*, XVII.
Aubry (Claude Guillot-), *A*, XXXIV.
Auvergne (Antoine d'), *B*, CXIV.

Baligand (Jean-Jacques), *A*, XXV.
Barbereau (Michel), dit Angueville, *B*, CXXV.
Bayeux (Mathieu de), *A*, XXIV.
Beaubrun (Henri et Charles de), *B*, CXXXIII.
Beacire ou Beausire (Jean), *B*, CXXXIV.
Benoist (Antoine), *B*, LXXX.
Bérenger (Jean-François), *A*, XLVI.
Berthier (Jean-Baptiste), *A*, XXXVII.
Betti (les), dits Juste. Cf. *B*, LXII.
Billaudel (Jean-René), *A*, XLIX.
Blamont (François Colin de), *B*, XCIV.
Blanchard (Antoine), *B*, CIII.
Bobrun. Voyez Beaubrun.
Boesset (les), *B*, CXXXV.
Bon (Ferry), *B*, CXXVI.
Bonnart ou Bonnaire (Jacques), *B*, LXVII.
Bouchet (Martin), *A*, XLVII.
Boullongne (Louis II et Bon de), *B*, LXXXV.
Bouvet (François), *B*, CXXII.
Brek (Jean), *A*, LIII.

Bruand (Libéral), *B*, CXXXV.
Buscay ou Buxay (François), *B*, LXIII.

Cadet de Limay (Jean), *A*, LIV.
Cailleteaux de l'Assurance (Jean), *A*, XXII.
Callot (Jacques), *B*, CXXXVII.
Cesari (Giuseppe), dit le Josépin, *B*, LXXI.
Cessart (Louis-Alexandre de), *A*, LVI.
Chaligny (Pierre), *B*, CXXXVIII.
Challe (Charles-Michel-Ange), *B*, CVII.
Christophe (Claude), *B*, LXXXVI.
Chuppin (Médard), *B*, LXV.
Clairain des Lauriers (François-Guillaume), *A*, XXXIX.
Cochin (Charles-Nicolas II), *B*, XCVI.
Colin de Blamont (Fr.), *B*, XCIV.
Coquart ou Cocquart de La Motte (Pierre et Claude), *A*, XII, note.
Cotte (Robert de), *B*, CXXXIX.
Cotte (Robert et Louis de), *A*, VI.
Coustou (Guillaume II et Charles-Pierre), *A*, LI.
Couture (Guillaume-Martin), *A*, LIX.
Coypel (Antoine et Noël), *B*, CXL.
Coypel (Antoine), *B*, LXXXII.
Crocq ou Crocx (Claude), *B*, LXIV.

Darripe. Cf. Arripe (d').
Dartein (Jean et Jean-Félix de), *A*, L.
Dauvergne (Antoine), *B*, CXIV.
Decotte. Cf. Cotte (de).

---

[1] La lettre *B* désigne les artistes dont il est question ci-dessus; la lettre *A* ceux dont nous nous sommes occupé dans la première partie de ce travail publiée l'an dernier.

DELAMOTTE. Cf. LA MOTTE (DE).
DELAUNAY DES LANDES (Pierre), *B*, CXIX.
DELORME (Philibert), *B*, CXLI.
DERUET (Claude), *B*, LXIX.
DESJARDINS (Jacques), *A*, VII.
DES LANDES (Pierre DELAUNAY), *B*, CXIX.
DES LAURIERS (François - Guillaume CLAIRAIN), *A*, XXXIX.
DESMAISONS (Pierre), *A*, XLII.
DESPORTES (François), *B*, CXLII.
DE TROY (Jean-François) et ses ancêtres, *B*, XC.
DORBAY (François), *B*, CLXVII.
DORBAY (Nicolas), *A*, XVI.
DU CERCEAU (les ANDROUET), *B*, CXXXI.
DUMELLE (Pierre), *B*, CXLIII.
DU MÉNIL DE LA TOUR (Georges), *B*, CLII.
DU MOREY (Joseph-Jean-Thomas), *A*, XLV.
DUPRÉ DE MAYEN (André), *A*, XXXI.
DUPUIS ou DUPLY (Nicolas), *A*, LXXXI.
DURAND (Joseph), *A*, XLVIII.

EDELINCK (Gérard), *B*, LXXVIII.
ERNOU (le chevalier), *B*, CXLIV.

FAYOLLE ou DE FAYOLLE, *A*, XVIII.
FÉLIBIEN (Jean-François), *B*, CXLV.
FRANCOEUR (François), *B*, CI.
FRÉMIN (Jacques), *B*, LXXXIX.
FRÉMINET (Martin), *B*, LXVIII.
FRIQUET DE VAUROZE (Jacques), *B*, CXLVI.

GABRIEL (Jacques), *A*, VIII.
GARNIER D'ISLE (Jean-Charles), *A*, XXI.
GENDRIER (Dyé), *A*, XLIII.
GIRARDON (François), *B*, CXLVII.
GOUDARD (François), *B*, CXVIII.
GRENETEAU (Jean), *B*, CXXX.
GUIARD (Laurent), *B*, CXLVIII.
GUILLOT-AUBRY (Claude), *A*, XXXIV.

HALLÉ (Noël), *B*, CXI.

HAMONVILLE (F.-R. TARDIF D'), *A*, XV.
HARDOUIN (Jules), dit MANSART, *A*, III.
HÉRAUT (Charles), *B*, CXLIX.
HERBET (Michel), *B*, CL.
HERÉ DE CORNY (Emmanuel), *A*, XXIII.
HURTEL (Simon), *B*, CLI.

ISLE (Jean-Charles GARNIER D'), *A*, XXI.

JARDIN (Nicolas-Henry), *A*, XLI.
JOSÉPIN (Giuseppe CESARI, dit LE), *B*, LXXI.
JULIENNE (Jean), *B*, CXVI.
JUSTE (les BETTI, dits). Cf. *B*, LXII.

LA GUÉPIERRE (Philippe DE), *A*, XXXVIII.
LA LANDE (MichelRichard DE), *B*, LXXXVI.
LAMANDÉ (François-Laurent), *A*, LVII.
LA MOTTE (Jean DE) ou DELAMOTTE, *A*, XII.
LA MOTTE (Pierre et Claude COQUART DE), *A*, XII, note.
LARCHEVÊQUE (Pierre-Hubert), *B*, CVI.
LA SALLE (Philippe DE), *B*, CX.
LA SAUVAGÈRE D'ARTEZÉ (Fr. LE ROYER DE), *A*, XVII.
L'ASSURANCE (Jean CAILLETEAUX DE), *A*, XXII.
LA TOUR DU MÉNIL (Georges DE), *B*, CLII.
LAUNAY DES LANDES (Pierre DE), *B*, CIX.
LAURENT (Pierre-Joseph), *A*, XXVI.
LAVALLÉE (Étienne), dit POUSSIN, reçu en 1777 la croix de Malte [1].
LE BRUN (Barthélemy), *B*, CLIII.
LE BRUN (Charles), *B*, LXXV.
LE CLERC (Jean Ier et Alexandre), *B*, LXX.
LE CLERC (Sébastien), *B*, LXXIX.
L'ÉCUYER (Charles), *A*, XXVIII.
LE GENDRE, *A*, XL.
LE MAISTRE (Pierre), *B*, CLIV.
LE NAIN (Mathieu), *B*, LXXVI.
LE NOSTRE ou LE NOTRE (André), *A*, II.

---

[1] A. DE MONTAIGLON, *Procès-verbaux de l'Académie de peinture*, t. VIII, p. 265.

Le Royer de la Sauvagère d'Artezé (François), *A*, XVII.
Lescot (Pierre), *B*, CLV.
L'Espine (Nicolas de), *B*, CLVI et CLVII.
Limay (Jean Cadet de), *A*, LIV.
Loo (les Van), *B*, XCII et XCIII.
L'Orme (Philibert de), *B*, CXLI.
Loutherbourg (Philippe-Jacques), *B*, CLVIII.
Lully (Jean-Baptiste), *B*, CLIX.

Magny (Claude-Marc), *B*, CXXIX.
Mansart (Jules Hardouin, dit), *A*, III.
Maritz (Jean), *A*, XXIX.
Mathieu (Jean-Adam), *B*, CLX.
Mathieu (Jean-Léonard-Joseph), *B*, CLXI.
Mathieu (Julien-Amable), *B*, CXV.
Mavelot (Charles), *B*, CLXII.
Mayen (André Dupré de), *A*, XXXI.
Mazières (Jacques), *B*, CLXIII.
Mazzoni (Guido), dit Paganino, *B*, LXII.
Mignard (Pierre), *B*, LXXVII.
Mique (Richard), *A*, XXXV.
Mittatte ou Mittat (Bertrand), *B*, CXXIII.
Mollet (Armand-Claude), *A*, XIII.
Montgolfier (Etienne-Jacques), *A*, LII.
Morat (Pierre), *B*, CLXIV.
Moreau (Pierre-Louis), dit Moreau-Desproux, *A*, XLIV.

Natoire (Charles-Joseph), *B*, XCV.
Nérot (Claude), *B*, CLXV.
Neufmaison (Pierre de), *B*, CLXVI.

Oliviéri (Giovanni-Dominico), *B*, XCVII.
Orbay (François d'), *B*, CLXVII.
Orbay (Nicolas d'), *A*, XVI.
Orry (Jean), *A*, IX.
Outrequin (Pierre), *A*, XXXIII.

Paganino (Guido Mazzoni, dit), *B*, LXII.
Palissot (Siméon-Sébastien), *A*, XIV.
Paris (Pierre-Marie-Adrien), *A*, LX.

Paul (Jean), *B*, CLXVIII.
Périer ou Perrier (Louis-Jean-Claude-M.-M.), *A*, XXX.
Perrault (Charles), *B*, CLXIX.
Perronnet ou Péronnet (Jean-Rodolphe), *A*, XXXVI.
Peters (Jean-Antoine de), *B*, CLXX.
Petit (Louis et Antoine), *B*, CLXXI.
Petitot (Ennemond-Alexandre), *A*, XXXII.
Pierre (Jean-Baptiste-Marie), *B*, XCIX.
Pierresson (Jean Poirel, dit), *B*, CXXI.
Pigalle (Jean-Baptiste), *B*, CIV.
Pillon (Germain), *B*, LVI.
Pitot (Henri), *A*, XX.
Poerson (Charles et Charles-François), *B*, CLXXII.
Poirel (Jean), dit Pierresson, *B*, CXXI.
Pons (Louis-Guillaume-Yves), *A*, LVIII.
Poussin. Voyez Lavallée.

Quévannes (Charles-Julien), *B*, CII.
Quillerier (Noël), *B*, CLXXIII.

Racle (Jean), *B*, LXXIV.
Rameau (Jean-Philippe), *B*, C.
Rebel (François), *B*, XCVIII.
Regnier (Antoine), *B*, CXX.
Rigaud (Hyacinthe), *B*, LXXXIV.
Robert (Michel), *B*, CLXXIV.
Robert de Saint-Périeu (Pierre), *B*, CXVII.
Rochefort (Pierre de), *B*, CLXXV.
Roettiers (François et Jacques), *B*, LXXXIII.
Royer (Charles), *B*, CXXVIII.

Saint-Périeu (Pierre Robert de), *B*, CXVII.
Saly (Jacques-François-Joseph), *B*, CV.
Servandony (Jean-Nicolas), *B*, CLXXVI.
Silvestre (les), *B*, XCI.
Soldan (Guillaume), *B*, CXXIV.
Soufflot (Jacques-Germain), *A*, XXVII.
Stella (Jacques), *B*, LXXIII.

Tardif (Remi) et Tardif d'Hamonville (F.-R.), *A*, X.
Tillet (Mathieu), *B*, CLXXVII.
Tinelli (Tiberio), *B*, LXXII.
Tocqué (Louis), *B*, CLXXVIII.
Tortebat (François), *B*, CLXXIX.
Tricot (Claude), *B*, CLXXX.
Tristan (J.), *B*, CLXXXI.
Troy (Jean-François de) et ses ancêtres, *B*, XC.

Vanel ou Vannel (Étienne), *B*, CXXVII.
Van Loo (les), *B*, XCII et XCIII.
Vannel (Étienne). Cf. Vanel.
Vaultier (Jacquot), dit de Vaucouleurs, *A*, I.
Vauroze (Jacques Friquet de), *B*, CXLVI.

Vialis (Michel), *A*, XIX.
Vien (Joseph-Marie), *B*, CXIII.
Vigarini (Charles de), *A*, V.
Vleughels (Nicolas), *B*, LXXXVIII.
Volaire (Pierre-Jacques), *B*, CLXXXII.
Vollant (Simon), *A*, IV.
Vulcop (Conrat et Henri de), *B*, LXI.

Walthier (Jacquot), dit de Vaucouleurs, *A*, I.
Wiriot ou Woeriot (les), *B*, CLXXXIII.
Wleughels (Nicolas), *B*, LXXXVIII.
Woeriot (les). Cf. Wiriot.

Zègre (Gabriel et Nicolas de), *B*, CLXXXIV.

EN VENTE A LA MÊME LIBRAIRIE H. CHAMPION

Spéciale pour l'Histoire de la France et de ses anciennes provinces

Les Anoblis de l'Empire. — Médecins et Chirurgiens, par le docteur Louis DE RIBIER. 1904. 1 vol. in-8"........................ 2 fr. 50
Intéressante contribution à l'histoire nobiliaire de l'Empire.

Répertoires des livres et manuscrits anciens et modernes, généalogiques, héraldiques et **nobiliaires** de la librairie Honoré Champion. 1 vol. in-8° de 88 pages à deux colonnes............... 1 fr.

Le Commerce de la curiosité, par BONNAFFÉ. Paris. 1 vol. in-8°. 4 fr.
Très curieuses études sur les amateurs de Rome, grandes ventes romaines. Atrium Auctionarium, crieurs, marchands. — Moyen âge. Marchands, foires, organisation des ventes publiques. — XVI° siècle. Vente du maréchal de Saint-André. Vente de Claude Gouffier. Exportation italienne. Foires et marchands. Visite chez un orfèvre. — XVII° siècle. Peiresc, Vaillant, Mazarin, premiers catalogues imprimés, loteries, inventaire, vente de livres, police, ventes hollandaises, fripiers, crieuses de vieux chapeaux, brocanteurs. — XVIII° siècle. Statistique des catalogues, une vente publique, huissiers-priseurs et experts, salles de ventes. — XIX° siècle Hôtel Drouot.
L'ouvrage se termine par la liste des ventes d'objets d'art, de livres, d'estampes et de curiosités ayant produit 100,000 francs et au-dessus, de 1882 à 1894.

Catalogue des manuscrits de la bibliothèque de l'École des Beaux-Arts, rédigé par Eugène MUNTZ. 1 vol. in-8°......... 1 fr. 50

Les Travaux d'art du duc de Berry, avec une étude biographique sur les artistes employés par ce prince, par MM. DE CHAMPEAUX et GAUCHERY. 1 fort volume in-4°, avec 44 planches en héliogravure .... 30 fr.
Le duc de Berry fut le plus grand bâtisseur de la maison de Valois. Il accueille, à la mort de Charles V, les ouvriers des ateliers royaux, et emploie Jean de Liège, André Beauneveu de Valenciennes, sculpteurs, le peintre Jean de Bruges et l'architecte Guy de Dammartin à la construction et à la décoration des merveilleux châteaux qui succèdent aux sombres forteresses de l'âge précédent. Le duc fit exécuter des travaux importants au château de Mehun-sur-Yèvre, à la cathédrale de Bourges dont il achève la façade principale, au palais de Poitiers, au château de Lusignan, au palais de la Sainte-Chapelle de Riom ; aux châteaux de la Nonette près d'Issoire, de Gien, d'Etampes, de Montargis, de Dourdan, de Boulogne-sur-Mer ; au palais et à la Sainte-Chapelle de Bourges ; aux châteaux de Concressault, de Bicêtre, de Nesle à Paris. Cette monographie est suivie d'une étude biographique des artistes employés par le duc, maîtres des œuvres, imagiers, peintres, armuriers, verriers, orfèvres, tapissiers, huchiers, musiciens, etc. M. de Champeaux montre comment, sous l'influence de ce prince, les tendances réalistes de Bourgogne et des Flandres sont tempérées par le goût français. Les planches sont empruntées aux monuments figurés de l'époque, et les remarquables restitutions archéologiques l'œuvre de M. P. Gauchery.

Les Primitifs parisiens. Étude sur la peinture et la miniature, à Paris, du XIV° siècle à la Renaissance. Leçons du cours d'histoire de Paris, professé à la Bibliothèque de la ville par Marcel POÈTE, conservateur-adjoint. In-12 carré de 74 pages avec planches....................... 3 fr. 50
Cette importante étude, toute nouvelle, est consacrée aux artistes parisiens, peintres et miniaturistes, du XIV° siècle à la Renaissance. Il s'agit donc ici de Pierre de Bruxelles, de l'école de Jean Pucelle et du Bréviaire de Belleville, de Jean Coste, de Jean d'Orléans, des peintres et miniaturistes des ducs de Berry et de Bourgogne dans leurs rapports avec l'École parisienne, de Colart de Laon, de l'École du Bréviaire de Salisbury, de la formation des Écoles provinciales, de leurs rapports avec Paris, etc. L'auteur termine par une vue d'ensemble sur les miniatures du genre de celles attribuées à Jacques Besançon, et sur la peinture du genre de la déposition de la croix de Saint-Germain-des-Prés (fin du XV° siècle). On trouvera dans ce charmant volume d'intéressants documents inédits, ainsi que des détails sur les Primitifs parisiens qui n'avaient été, jusqu'ici, l'objet d'aucune étude d'ensemble.

IMMENSE STOCK D'OUVRAGES ANCIENS & MODERNES — FOURNITURE DE LIVRES NEUFS

AVEC REMISES

PARIS. — TYP. PLON-NOURRIT ET Cie, 8, RUE GARANCIÈRE. — 6339.

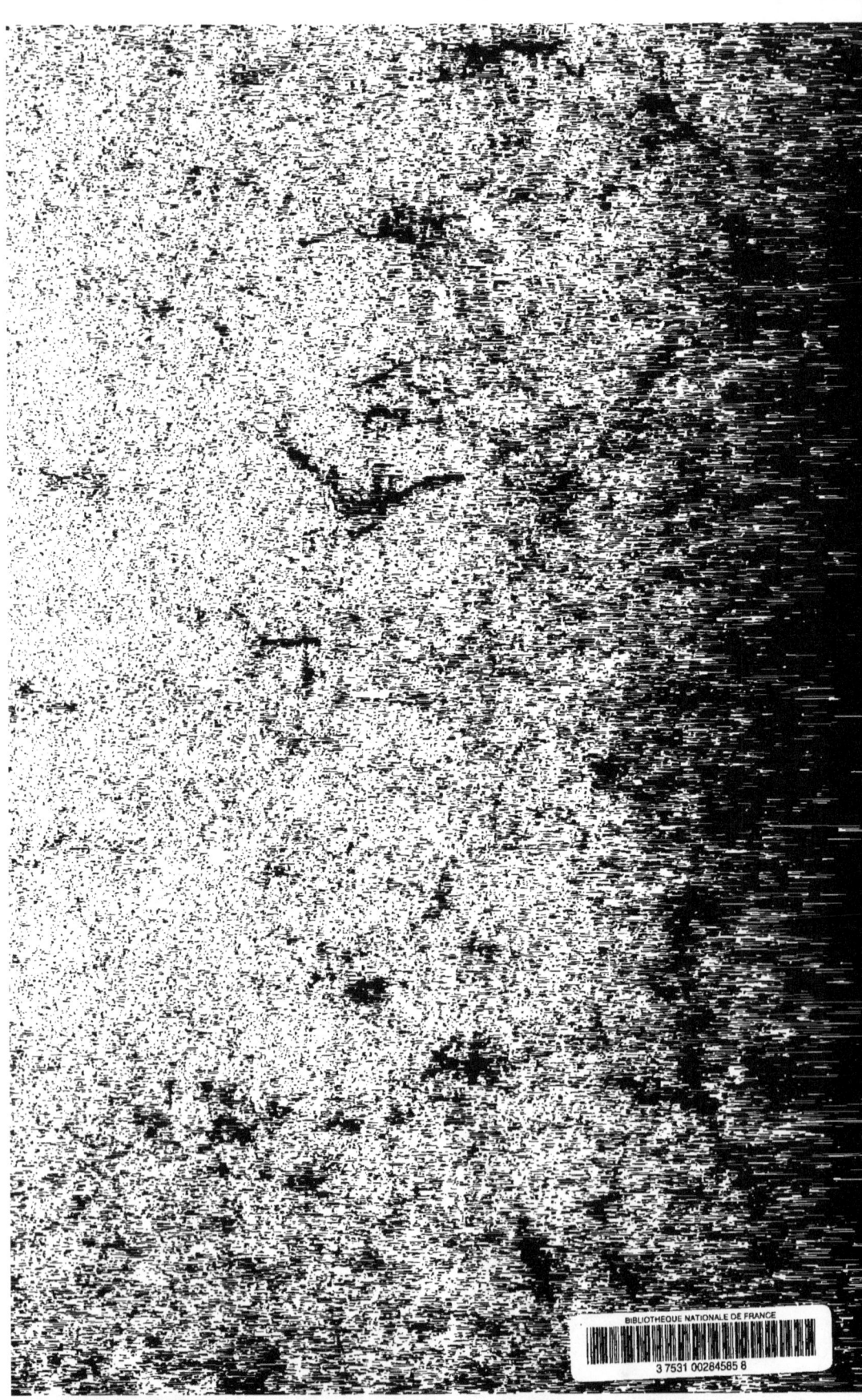

www.ingramcontent.com/pod-product-compliance
Lightning Source LLC
Chambersburg PA
CBHW060210100426
42744CB00007B/1240